教育の羅針盤 2

答えなき時代を生き抜く子どもの育成

奈須 正裕・諸富 祥彦
Masahiro Nasu　Yoshihiko Morotomi

図書文化

まえがき

明治大学教授　諸富祥彦

私たちの人生には、無数の「答えなき問い」が存在している。

人生とは、日々、「答えなき問い」に向き合っていくプロセスである、と言ってもいい。

私たち大人も、つねに「答えなき問い」に取り囲まれている。

「このまま教師を続けるべきか、辞めるべきか」

「なかなかうまくいかない保護者や同僚と、どう折り合いをつけていくべきか」

「結婚すべきか、しないほうがいいか」

人生は、「答えなき問い」の連続である。

子どもたちの生活も「答えなき問い」に取り囲まれている。

「最近、ちょっかいを出してくる、あの子とどう仲よくしていけばいいのか」

「お母さんとお父さんの仲が悪そうだ。私は、どうすればいいんだろう……」

「答えなき問い」――それは、もちろん、こうした個人レベルのことに限られない。社会や世界全体が、「答えなき問い」で満ちている。

例えば、先の大震災や、原発事故。

計画停電のために、暗い部屋で過ごすなか、私たちは初めて、「原発事故が起こったらどうなるか」という「答えなき問い」を、これまで、本当は引き受けてはいなかったのだ、ということを、身をもって知ることができた。いや、否応なく知らしめられたのだ。

そのなかでふと、こんなつぶやきを、心の内で発した子どももいたことだろう。

「原発事故って、本当に、〝想定外の出来事〟だったのだろうか。原発には、どんな問題があって、これから私たちは、原発問題にどうかかわっていけばいいのだろうか」

「停電があって、最初は暗くていやだったけど、だんだん慣れて、平気になってきた。電気がないと、幸福な社会を維持することは、本当にできないものだろうか」

震災で、多くの人が、かけがえのないいのちを奪われていく現実を目の当たりにして、ふと、こんなことを考えた人も少なくなかっただろう。

「なぜ、あの人たちが亡くなって、私が生きているのだろう」

「亡くなったのが、あの人たちで、私ではなかったのは、なぜなのだろう」

「私がいま、こうやって生きていること、これからも生きていくことには、どんな意味があるのだろう……」

教師であれば、子どもの内側でふと生まれた、こうした「答えなき問い」を拾い上げてほしい。そして、子どもたちのこうした「答えなき問い」を「自分自身ののっぴきならない問い」としても引き受けて、子どもたちと一緒に、考え続けてほしい。

それが、自分たちに問いかけられている「問い」に目隠しをして、見ないこと（見えていないこと）にしてしまう、私たち日本人の「悪癖」を、少しずつ、少しずつ、変えていくことにつながっていくだろう。

そしてそうした教育実践の積み重ねが、「答えなき問い」を、「他人事」としてではなく、「自分自身ののっぴきならない問い」として引き受けることのできる子どもたちを育てていく。それがひいては、地域を変え、社会を変え、世界を変えていくことにつながっていくのだ。

第二次世界大戦の折、ナチスの手によってアウシュビッツなどの収容所に捕虜として捕えられた精神科医のビクトール・フランクルは、こう語っている。

「人間が人生の意味は何かと問う前に、人生のほうが人間に問いを発してきている」「人間は、人生から問いかけられている存在であり、人生からの問いに答えなくてはならない。

そしてその答えは、人生からの具体的な問いかけに対する具体的な答えでなくてはならない」(『医師による魂の癒し』)。

ここでフランクルの言う「人生からの問い」は、「世界からの問い」でもあり、「私たちの未来からの問い」でもある。

私たちの国は、そして私たちが生きているこの世界は、もうすぐ引き返すことができないところまで、追い込まれつつある。「持続可能な社会」「持続可能な世界」は、本当に、もう、あたりまえのことではなくなりつつある。

ストレートに言えば、「世界を救うことができるたった一つの方法」は、まず私たち大人自身が、そして、教室にいる子どもたちが、世界が私たちに投げかけてきている無数の「答えなき問い」を、「自分自身にとっての、のっぴきならない問い」として引き受け、問い続けていくことしかないのである。

「教室で起きる、子どもたちのちょっとした変化」の積み重ねが、地域社会の変化に、日本の変化に、そして世界の変化につながっていく。

そう考えると、教師とは、何とやりがいのある仕事であろうか。

あなたの授業が、「この世界を変える、最初の一歩」になるのである。

本書が、そのきっかけ作りになれば、幸いである。

この本の共著者、奈須正裕先生は、ふだんは私とは異なるジャンルで仕事をされている方である。しかしなぜか、講演や対談でご一緒することが多かった。二人を知っている先生方からも「お二人はどこか、似てますね。何だか熱いところが……」などと言われることが多かった。

奈須先生と私が似ているのは、「この世界を、そして、この世界に生きている人間を、何とか変えていきたい」という「志」を共有しているからだと、私は思っている。

その意味で、奈須先生は私の「同志」である。

もちろん、この本を読んで、私たちと一緒に「子どもたちを変えていきたい」「この社会を、答えなき問いに目隠しをせず、本気で問い続ける社会に変えていきたい」と思っておられるあなたも、私たちの「同志」である。

さぁ、世界を変えていこう！

そしてそれは、教師であるあなたが「答えなき問い」を「自分自身の問い」として引き受けること、そして、授業中に子どもたちがふと発してくる「答えなき問い」を、ていねいに拾い上げることから、始まるのだ。

答えなき時代を生き抜く子どもの育成――目次

第2章　「答えなき問い」を引き受け問い続ける自己の育成――49

【序章】
答えなき時代に「答えなき問い」を引き受け問い続ける

奈須キーワード

自分がたまたま直面したものも、きちんと引き受けて生きていく。同時に、引き受けて生きている者同士が、支え合ったり、慰め合ったり、助け合ったりする協同社会を作っていく。

諸富キーワード

人生とは、「答えなき問い」を引き受け、問い続けるプロセスそのものである。「答えなき問い」を自分のこととして引き受け、問い続ける力」こそ、この困難な状況を生き抜くために不可欠な力である。

大人も含めて誰も答えを見いだしていない課題を問い続ける

諸富　私は、**人生とは、「答えなき問い」を引き受け、問い続けるプロセスそのもの**ではないかと考えています。どんな仕事に就くべきか。結婚すべきか、すべきでないか。結婚するならどんな形で、どんな人と、どのような形でするべきか……。

人生で私たちは、絶えず「答えなき問い」を問い続けていかざるをえません。正解がわからなくても、「自分なりの答え」をその都度出していかざるをえない宿命におかれているのです。加えていまは、環境問題をはじめ、**人類社会そのものの「持続可能性」が問われています。人類の一員として、私たち一人一人が自分自身のこととして引き受けざるをえない「答えなき問い」が山積み**なのです。

その意味で私は、**不透明性の高いこの社会の中で、「答えなき問いを引き受け、問い続ける力」こそが、私たち現代人がこの困難な状況を何とか生き抜き、サバイバルしていくために不可欠な「生きる力」**だと思っています。

奈須先生は「総合的な学習の時間」の学習指導要領解説の作成協力者でいらっしゃいます。「総合」の時間では、このような力を育成すべきと考えられているとのことですが、それはどのようなことでしょうか。

奈須　平成十年度の学習指導要領改訂で新たに創設された「総合的な学習の時間」には、小学校でいうと三つの課題があります。一つ目は、国際、情報、環境、福祉・健康などの横断的・総合的な課題。これを私は「グローバルな課題」と呼んでいます。二つ目が、地域の伝統、文化、行事、生活習慣、経済、産業など、個々の地域や学校の特色に応じた課題で、いわば「ローカルな課題」です。三つ目が、キャリアや生命、生活環境の整備・充実など、児童の興味・関心に基づく課題で、「インディビジュアルな課題」と言っていいでしょう。総合では、この三つの側面から自己の生き方を育てようとしています（詳しくは50ページ）。

これらの三課題に共通するのは、まずもって、**大人も含め誰も答えを見いだしていない課題**だということです。加えて、だからといって無視も先送りも許されない。現代社会に生きるすべての人が、**自分のこととして受け止め、日々の生活の中で自己の生き方とのかかわりで考え続けなければならない**。こういった課題にかかわる学びや問いかけを、伝統的な学校は扱ってきませんでした。むしろ、意図的に避けてきたとも言えるでしょう。この三課題はいわゆる「学校で教えてくれないこと」であり、この表現の背後には、それこそが人が生きていくうえでいちばん大切なことだという含みがあったと思います。そのいちばん大切な学びを、学校もまた正面切って担おうじゃないか、ということです。答えのない、だからこそ重要で本質的な生活実践課題を最初に学ぶ契機と、その良質な問題解決経験を小学校から順次、意図的、計画的に与えていくわけです。そうすることで、その子が自立した学び手＝暮らし手として、一生涯にわたって自分の生き方、あり方を、この三つの側面から深く鋭く問い続けていけるようにしようという発想です。

●正解のない課題を自ら引き受ける子どもの姿「メダカかコイか」

諸富　奈須先生ご自身が、このとき、答えなき問いを引き受け、問い続ける子どもたちが育ったんだ、というリアルな実感をもたれた実践例をあげていただけますか。

奈須　坂本龍馬の生家を校区にもつ高知市立第四小学校で行われた総合の実践で、四年生の子どもが龍馬のことを調べに町に出たときのことです。そこに小さい掘割《ほりわり》（水路）があって、地域の旅館組合が観光の目玉としてニシキゴイを放そうと企画していました。子どもが町探検に行って、その掘割をのぞいたらメダカがいた。普通に考えたら、そんな町中にメダカがいるわけがない。ところが調べてもらったら、純正日本メダカに間違いないという。それが約八百匹、街中の掘割に奇跡的に生きていた。そこにニシキゴイなんか放したら全滅してしまう。これは大変だと。市の環境課やメダカトラストの人もやってきて、何とかしなければとなったわけです。

ここで当時の高知市長が粋な人で、「子どもが見つけたことだから、子どもを中心においてみんなで話合いをしてはどうか」と提案してくれたのです。かくして四年生の総合の授業で、メダカを守るべきか、コイを放すべきかの議論を延々続けることになった。旅館組合やメダカトラストの人、市からも環境課と観光課の双方が参加して、毎回とても面白い話合いになりました。

ある初夏の蒸し暑い日に、今日はまとまった話をしようということで、朝から四時間、「メダカかコイか」で延々激論を交わした。四時間目が終わるころには、みんなヘロヘロに疲れ果てているのですが、今日もまた決着はつかない。とにかく給食は食べようということで、担任が一旦話合いを切るのですが、何の気なしに「また次の時間もこの話合いを続けたいですか」と子どもたちに聞きました。そうしたらある男の子が、「先生、**続けたいとは思わないけど、続くと思う**」と言ったのです。

諸富　なるほど。「続けたいとは思わないけど、続くと思う」。この言葉の意味は、深いですね。

奈須　深いのです。私の意思で続けたいとか、そんな話ではない。できればやめたいというのが、一方の本音ですから。でも、続けざるをえない、続けていくことしかない。それが生きるってことなのだと、十歳にして人生を悟ったんでしょう。私たちは「自分たちがしたい」とか、そんなことで生きているのではなくて……。

諸富　自分はどうしたいとか、どうなりたいとか、そんな小さな問題ではない。

奈須　私はそのとき「ああ、この子は逃げないんだ」と思った。**自分の身の回りで起こっているすべてのことは私に関係があることとして引き受け、逃げないで、しかも仲間と協同して立ち向かっていこう**という気づきというか決意というか、そういったものをこの子から感じました。そしてこの瞬間、やっぱり生き方は変わったと思います。

諸富　それは、どんなふうに変わったと……。

奈須　自分からすすんで運命を引き受け、自分も納得できるし、周りも納得できるよりよい方向に事態を切り開いていこうと覚悟を決めた、ということだと思います。

諸富　「覚悟を決める」。それは、さっきおっしゃったように、「自分はこうしたい、ああしたい」という欲求ではなく、むしろ「自らすすんで運命を引き受けざるをえない」ということですね。

奈須　引き受けざるをえない。なかには、「だれだ。メダカなんか見つけたのは」と怒っている子もいましたよ。でも、見つけた以上はそこから逃げない、逃げてはいけない。そういう生き方を、彼らはすすんで選択しているのだと思うのです。

諸富　それは、人生のいろいろな問題につながります。たまたまある企業に就職したら、そこで汚職が行われていた。そこから逃げずに、その汚職の問題を自分と関連のある問題として引き受ける。あるいは自分の子どもが障害をもって生まれてきた。これを、自分自身の問題として引き受ける……。

人間は生きていると、その途上で、さまざまな「割り切れない問題」に否が応でも出合わざるをえなくなっていきます。そのときそれを「これは自分とは関係ない」と切って捨てるのではなくて、「自分自身のこと」として引き受けて、逃げずに考え続けていく……。これは「人生でいちばん大切なこと」かもしれませんね。

奈須　そうです。**子どもたち一人一人が、覚悟を決めて誠実に生きていく**。それが短期的に見て損になるとか得になるとか、そんな些細なことを超えたところで物事に正対し、さらにお互いに支え合う。自分がたまたま直面したものはきちんと引き受けて生きていくと同時に、引き受けて生きている者同士が、お互いが背負っているものを見て、支え合ったり、慰め合ったり、助け合ったりするような、そういう協同社会を作っていく。とても美しい話に聞こえるかもしれないけれど、そういうことだと思うのです。

奈須キーワード

「自ら学び、自ら考え、主体的に判断し、よりよく問題を解決する」というのは、個人的な利害に関して、上手に立ち回ることではない。

諸富キーワード

すべてを「個人の自己責任」の問題に帰して考えるのではなく、「お互いがお互いをケアし支え合っていく」緩やかな「つながり」のある社会＝「本当の意味で持続可能な社会」を私たちはめざしていかなくてはならない。

【第1章】 自己決定尊重か共同体尊重かの二項対立には飽き飽きだ！

1 社会の変遷と教育の動向　成長型社会から定常型社会へ

●バブル期突入時――日本の行く先が見えなくなっていた

諸富　二〇一一年三月十一日の震災以後、日本が大きく変わり始めました。しかし実はそれは以前からこの国が抱えていた重要な問題を明るみに出したにすぎないのです。

ここで、この数十年の社会の変遷と、それに伴う教育の動向について――高度成長期から現在の定常型社会にいたるまでの動き――を振り返っておきたいと思います。

私は学校の先生方に社会の変遷についてお話するとき、「そのとき、はやった漫画やアニメを見ると、時代の変化がわかりますよ」とよくお話しします。

高度成長期は、『巨人の星』『アタックNo.1』が象徴するように、「男は根性、女は忍耐」で、歯を食いしばってがんばれば、その努力は報われる、という実感があった時代です。そしてその実感は、経済成長に支えられたものでした。

ところが一九七〇年代後半になって……私は当時中学二年生でよく覚えているのですが……それまであった「スポ根もの」漫画が、ストーリー性に訴える漫画が激減し、「視覚」に訴えるコマの大きな漫画に変わっていったのです。このとき、子ども心に「何かが変わったな」と感じたのを覚えています。それは、いま思えば、高度成長時代の終わりを象徴する出来事だったのです。

それから私が「自己実現の時代」と呼んでいる時代に入っていきます。日本が豊かになってバブルに突入していくわけです。『オレたちひょうきん族』に象徴される、「楽しければ、それでいいじゃん」という、快楽主義的な文化が蔓延し、「努力」、「根性」、「忍耐」、「勤勉さ」、「協調精神」、「不撓不屈《ふとうふくつ》」といった、それまで日本人のもっていた価値観が一気に崩れていったのです。

一九九〇年代初頭にバブルがはじけるころまでは、日本中が浮かれていました。ところが、バブルがはじけて日本人全体が「いったいどこをめざして進んでいったらいいのか」わからなくなってしまった。もっと言うと、バブルに入ったころに既に「豊かさ」は達成してしまったので、この先どうしていいのかわからなくなった。それまでひたすら「豊かさ」を求めて走っていくことしかしてこなかったこの国全体の行き先が見えなくなってしまったのです。

教育界と世間のズレから、「生きる力」「自分探し」へ

諸富　一九七〇年代半ばまでは、「勤勉」、「忍耐」、「不撓不屈」といった、**学校で教えていた価値と時代の空気がマッチしていました。これが崩れてズレ始めたのが一九七八年以降、バブルで浮かれていた一九九三年までの十五年間です。**

私は道徳の授業がいちばんやりにくかったのはこの十五年間ではないかと思っています。このような中で、一九八九年の学習指導要領で「生きる力」という言葉が使われ始めました。バブルがはじける直前です。

高度経済成長の時代が終わり、バブルになって、豊かなのはいいけれど、日本人全体がどこをめざしていったらいいかわからなくなった。その時代に、「生きる力を育てる」という概念を提示したのは、時代のニーズにあっていたと思います。

一九八〇年代半ばぐらいまでは、「みんなで力を合わせてがんばってやっていけば、日本はどんどんよくなる」という感覚がありました。しかし、日本人としてこれからどこをめざしていったらいいのか見えなくなってきてしまった。それで、「自分自身で課題を発見し、自分自身で解決し……」というように、「自分自身で生きていく力」が必要だという考えが提唱され始めたのです。

奈須　そうですよね。「自分探しの旅としての学習」というのもそのころです。

●テストで点数がとれる人の登用で社会が回る時代ではない

奈須　以前は道徳にしても何にしても、学ぶべきことはあらかじめ確定されていて、それで万事うまく回るようになっていた。教科でいうと、もちろん決められた内容知識、心理学でいう領域固有知識を身につけ、その身につき具合を競争するのですが、入試や入社試験など選抜や登用を支配していた論理は微妙に違っていて、ある学力テストの専門家に言わせると、「教育内容の中身は何でもいい。意味もないことを一生懸命、我慢強くやり続ける力がゼネラリストとしての能力なので、その力があるかどうかを測るのが学力テストだ。決められた時間の中で、どれだけの量の内容を習得し吐き出せるかという、賢さの一般因子を測っているんだ」と真顔で言うのです。びっくりするのを通り越して、私は笑ってしまいました。じゃあ学校の授業っていったい何だということでしょう。

でも実際、日本の場合は、企業に入ってから社内教育で一からやり直していましたし、その意味で大学教育に具体的なものは期待していないという話もありました。いずれにせよ、それはとても古い学力論ですね。しかし、あの時代は、そんな競争でいい結果を出した人を登用して、社会を回していくことで何とか国が回っていた。ところが、いまやそれがぜんんそうはいかなくなってきたと思うのです。

●終身雇用体制が揺らいだ社会で「生き抜くすべ」を教えていない

奈須　もう一つは、雇用環境の変化の影響です。一九九〇年代以降に終身雇用年功序列賃金体系が崩れて、転職することもあたりまえになってきた。ところが、従来の日本の教育はそういう力を全然育てていない。教科の内容知識をしっかり身につけ、テストで上手に吐き出せればいい会社に入れて、一生そこにいるというモデルでした。企業に入ってしまえば能力がなくて「窓際族」などと揶揄されようとも毎年給料は上がり、組織も垂直型構造でポストがたくさんあったので、ぼんやりしていても係長、課長と昇進できた。

ところが、雇用環境の変化によって、企業に入ったからといって油断できなくなった。問題は、こういった変化に学校教育が十分に対応できていないことです。もちろん、教育は経済や産業に従属するものではないし、その点は過敏なくらい慎重になってしかるべきなのですが、だからといってすっかり無頓着でいいというわけにもいきません。状況は理解したうえで、教育の論理としてどうすべきかと考える必要がある。雇用状況も含めて、目下の経済社会を自分らしく生き抜いていける子どもにしなければいけない。

諸富　少し前に、香山リカさん(※1)と対談したのですが、そのとき彼女が指摘していたのが、日本の経済界の人たちの議論は、最近の若者たちが就職できない状況について、すぐ、「近ごろの若者は我慢ができない」と、よくある若者論に直結させてしまうと。

奈須　あれは大きな間違いですよね。

諸富　「ひたすらがんばっていれば何とかなる。一つのことを歯を食いしばって続けることが大事だ。それをやらないからいまの若者はだめなんだ」と語る風潮がいまでも残っています。一つのことを粘り強くがんばり続けることはもちろん重要ですが、それで何とか通用したのは、高度経済成長時代という、日本が上昇気流に乗っていたときに世の中に出たからであって、いまの不安定な状況を生きている若者たちに、「歯を食いしばって一つのことを続けていれば何とかなるんだ」と言っても、リアリティがありません。

奈須　高度経済成長期に若手社員だった人たち、それがいまの経済界のトップですが、彼らは確かに若いときに歯を食いしばってよくがんばった。でも、当時の営業というのは、放っておいても舞い込んでくる注文に対し、納期に間に合うようどう段取りするかが主な仕事だったという話もある。仕事の量はたしかに多かったのでしょうが、案外とシンプルだったし、やれば必ず報われた。一方、いまの営業の若手社員は、ただただノルマを与えられ「何とか自分で工夫して売ってこい」と言われる。上司は「私たちだって工夫してノルマをこなしてきたんだ」と檄を飛ばすのですが、ぜんぜん状況が違うし、それを上司は理解していない、できないのです。

ホームレスもネット難民も「自己責任」？

諸富　一九九三年にバブルがはじけて方向性のない世の中になって、「生きる力」の必要性が指摘され始めた。それで、「自分で課題を見つけて自分で考えること」が必要だという重要な指摘が行われ、「総合的な学習の時間」が生まれたのだと思います。

私は、この二〜三年でまた新たな課題が生まれつつあるように思います。その課題は「自己責任」という考え方のはらむ問題に凝縮されているように思います。

以前はこの言葉にリアリティがありました。国が「こっちをめざしていけ」と国民に示すことはできない。生き方も多様化したこの時代、一人一人が自分の生き方に責任をもって自分の道を歩んでいくしかないということだったと思います。

しかし、次第に、「何でも自己責任だ」という風潮が生まれてきた。その結果、日本はどうなったかというと、ホームレスとネット難民をたくさん排出する状態になっていったのです。

「就職できなかったのも、ホームレスになったのも、あなた個人の自己責任だ。すべては自分が選び取ってきた結果でしょう」というわけです。

しかし、これはおかしい。ホームレスやネット難民にならざるをえないことには、国の政策や企業のあり方の変化も大きく関係しているのに、**すべてを「自己責任」といって個の問題に還元するのは大きな間違いだと思います。**明らかに「この国は、何かがおかしい」という感覚を多くの人がもち始めていると思います。

個を軸に、つながりや全体とのかかわりを大事にする新たな価値観の模索

諸富　一九九〇年代には「自己責任」「自分で引き受け、自分で考える」という言葉が、非常にリアリティがあった。それはもちろんいまでもあって、必要なのだけれども、それだけでは何かが明らかに足りないし、何も解決しないという空気が生まれ始めています。

それは、ひとことで言えば、この経済不況下で、ネット難民やホームレスが出てきているなかでの、「新自由主義に対する疑問」です。個人主義や自己責任論ではだめではないのか

となってきた。ハーバード大学のマイケル・サンデル教授(※2)がNHKの番組で授業を取り上げられ、すごく話題になりましたが、その背景には、彼の授業の面白さ、巧みさだけではなく、現代の日本社会を覆っている、この「新自由主義」への不全感があったと思います。

あのNHKの番組の解説者である小林正弥先生(※3)は、私が以前勤めていた千葉大学の法学部の先生なのですが、彼はサンデル教授と共に「友愛主義」を提唱しています。みんなで手を取り合って助けなければいけない、というわけです。このサンデル教授の考えが、何でも「個人の自己責任だ」という考えに、違和感を感じていたところに入ってきて、アピールしたのだと思います。

私は、基本的には、この「友愛主義」に賛成です。しかし、友愛主義も行きすぎると、今度は逆に全体主義的な方向性に近づいていく危険性もなきにしもあらずです。

大切なのは個と全体、個とつながりの両方のバランスです。

「個」を軸にしながらも、つながりや全体とのかかわりを大事にする新たな価値観がいま、模索されつつあるのだと思います。そういった課題を学校教育全体が、否、現代を生きるすべての人間一人一人が突きつけられていると思うのです。

奈須　ここで大事なのは、大人が答えを出して、「こっちがいいから」と子どもたちに教えることではありません。何がいいかを一人一人の子どもが自分で考えて、見つけて、動けるようにするしかないのです。

もう一つは、「自ら学び、自ら考え、主体的に判断し、よりよく問題を解決する」というのは「個人的な利害に関して、上手に立ち回る」ことではないということです。共同体とか社会のあり方について、どうあればいいかを考え、協同的に問題解決していけるということです。

公共性の構築――世の中のすべてを自分のこととして引き受ける

奈須　それに加えて私が思うのは、公共性の問題です。

かつての、国が全部面倒をみて、人々はそれに従って生きるというあり方がバブル崩壊によって期せずして解除された途端、一人一人が自分の利害だけを近視眼的に見てバラバラに動きかねない……。これはまるで、トマス・ホッブス(※4)が「万人の万人に対する戦い」(※5)として問題視した時代のヨーロッパ社会の構造です。だからそこからわかるのは、国がこれまでの制約を解除した途端、「万人の万人に対する戦い」的な構造にしか思考が向かわないくらい、この国では公共の概念が弱かったということではないかと。

諸富　そうですね。「本当の意味での公共性」というのがいま、非常に脆弱になってきているように感じますね。

奈須　弱いのです。公共性をどう構築するかということが重要なのでしょう。その一つのやり方として、**世の中で起きているすべてのことを自分のこととして引き受け、現実に可能な人・物・事とのよりよい関係を生み出そうと問題解決的に思考し、行動する。そういった状況に効果的にかかわることができる資質・能力・態度を学力と見て、授業やカリキュラムをつくる。**これは、公共性の構築にかかる、ある意味でとてもミクロな立場からのやり方です。一方で哲学的な議論とか、政治学や社会学のようなマクロな立場から議論もあるでしょうけど。学習論とか授業論からみると、そういう子どもの姿をイメージしたり、そういうものとして教科の学びも見直すということが望まれていると思います。

2　集団か個人か——二項対立論争にはもう飽き飽きだ

●ホリエモンはゆとり教育の申し子？——ゆとり教育が誤解された

諸富　「社会や国がおかしい」と多くの人が思うなかで、競争に勝ち続けて上をめざすか、それとも「あきらめて、分をわきまえた、マイペースの人生を生きていくか」――若者たちの生き方が、上昇志向とマイペース志向とに二極化され、その中間がいなくなってきているように感じます。

奈須　そうです。これまで大人たちの多くが、「もう考えなくていいんだ、言われたことをやっていればいいんだ」となっている。保守派が力をもつということは、権力的な人たちが押さえ込もうとしていることもありますが、いっぽうで、あきらめてしまった人には、「考えずにだれかに命令してほしい」という気持ちがあります。

諸富　たしかに、そういう空気を感じますね。

奈須　そしていっぽうに、「いやいや、私は上手に出し抜くから、お上の指図は受けない。でも周りの連中なんかは相手にもしないし、信用もできない」と言う人たちがいる。その典型として、一時期若い人から結構な年配まで幅広く熱狂的に支持されたのが、ライブドアの堀江さんと、村上ファンドの村上さん。自分の才覚だけでのし上がり、結果を出していくわけです。あれがかっこうよくて、幸せになる唯一の道で、若い人は自分も後に続こうと考え、年配の人は株を買って応援し、ついでにおこぼれにあずかろうとした、そんな人がたくさんいました。

驚いたのは、保守派が「ゆとり教育がこういった風潮を生み出した」と、バッシングをしてきたことです。私たちからすれば、ゆとり教育自体が新自由主義的なものだなどと、さらさら思っていなかったですから。

諸富　ゆとり教育バッシング派は、「堀江氏こそ、ゆとり主義の申し子である」と、そう言うのですね。

奈須　保守派は、堀江さんや村上さんこそが、ゆとり教育のめざしている人間像だと勘違いしたのでしょう。「自分の才覚でのし上がっていく。その際、法律に反しない限り、結果的に泣きをみる人がいても知ったことじゃない」という生き方が、ゆとり教育や生きる力のめざすものだと誤解された。もっとも、文部省にも問題はあって、「生きる力」や「自分探しの旅」を打ち出す際に、個人的にやっていくというイメージを強く出しすぎたかもしれない。一九八〇年代に加藤幸次先生(※6)が始めた「個別化・個性化教育」が、同じように「自分さえよければいい」という教育と誤解されたことがあるのです。実際はそんなことはありません。デューイ(※7)っぽいのでしょうけど、**一人一人が真に自由に思考し、制約なく行動できるからこそ、そうした個人が協同して社会の問題をよりよく解決できるわけで、つまり自立した個人とは共同体を構成する一人の主体でもある**わけです。でも不思議なことに日本では、全体で決めてみんなが従うのか、一人一人が手前勝手に自分のことだけ考えて動くのかという、二項対立で考えがちです。

諸富　本当にそうです。

経済も教育もここ二十年で出てきたモデルが全部だめ

奈須　経済も教育も、大きな政府による護送船団方式でやってきたのだけど、世界経済が変わったこともあって、それではうまくいかなくなった。すると途端に新自由主義という極端へと振れ、またうまくいかなかった。

こういった近年の状況について、「新自由主義を徹底できていないからうまくいかないのだ。改革が手ぬるいからであって、もっと徹底すればよくなる」と言う人たちがいます。それとは逆に、「いやいや、かつての大きな政府に戻して、さらにスウェーデンみたいにすればいいのだ」と言う人もいます。その間で、みんながどうしたらいいか困っているのだと思うのです。

教育界も似ていて、道徳にも、「何が正しい価値かを決めて、みんなをそちらにぐーっと引っぱっていけばいいのだ」という方向に戻ろうとする動きがあるでしょう。そのいっぽうで、「ある程度は自分勝手になってもいいから、まずは自分の頭で考え、自分の手で自分の未来を切り開けるようにすべきだ」という考え方もある。

つまり、私たちはさっきから「誤解した」という言い方をしているけれど、時代状況からくる一種の限界として、平成元年の学習指導要領が出たころは、「生きる力」や「自分探しの旅」を「一人一人が自分の生き方を、まずは個人としてしっかり考え、がんばって切り開いていく」というニュアンスとして受け取っていた人が大多数だったようにも思うのです。それまでの護送船団方式、上意下達の従属的なあり方に対する反省と改革ということもあって、そう受け取るのは時代の空気から来る必然性だったかもしれない。加えて、とっても素朴なのですが、「一人一人がしっかり自分のことを考えて上手にやれれば、結果的にみんな丸く収まる」といった希望的観測もあったでしょう。「いまうまくいっていないのは、一人一人に考える力、未来を切り開く力強さが十分に身に付いていないからだ」という考え方が、それ以前のあり方に対する改善という意味でも支配的だった。

というわけで、いま目立つのは「上で価値を決めて引っ張っていく」という方向への回帰と、「いやいや、もっと自由主義的にやっていくんだ」という二方向。でもたぶん、両方ともだめです。

諸富　だめですね。

奈須　行きすぎた自由主義は、極端には「もう学校なんかいらない」という発想を導く。つまり、公共的な学びの場としての学校そのものがいらないという話になります。それに対して、もっと公共的な知識内容や規範を増やしたほうがいい、保証したほうがいい。それこそが社会の公序良俗を維持する唯一の方法だと。でもたぶん、この両方ともだめです。

経済モデルも教育モデルも、結局この二十年で出てきたもののすべてがうまくいかない。「それを徹底できていないからだめだ」というグループと、「いやいや昔のほうがよかった」というグループの論争になっているでしょう。そういう論争に、私はもう飽き飽きしているのです。

3　第三の道の模索──「総合」にみる一縷の望み

二項対立ではない第三の答えを探す

諸富　日本人はどうしても、いまだに「右か左か」「個か全体か」といった、二項対立でしかものを考えられないところがあります。こうした二項対立的なものの考え方で、教育界も長い間やってきたでしょう。

しかし、もうこうした二項対立的な思考では、現代の問題は何も解決しないのです。そこから抜け出さないといけない。もうどうしようもないところまできていると思います。**「右でも左でもない第三の答え」を模索していく思考**をしていかなければいけません。

『美徳なき時代』(※8)という本がアメリカですごく売れました。この本の著者であるマッキンタイア(※9)という倫理学者の主張は、個人主義、自由主義ではもう社会が存続していけない、というものです。そこで徳目が強調され始めました。社会のなかに「共通の束」を作っていくためには、「共有の理念」とか「徳目」が必要であるというわけです。そこで、「美徳」、「バーチュー(virtue：美徳、善、正しさ)」の必要性が指摘されて、多くの人の共感を得たのです。日本でも一時期「品格」という言葉がはやりましたね。あの「品格」ブームが、アメリカの「徳目」ブームに相当すると思います。

奈須　品格ブームは硬直した伝統主義の台頭でしょう。日本古来の正しい生き方のような。

諸富　「美徳」、「日本人としての品格」を再発見することで、日本人のアイデンティティを再確認できる。「品格本」が売れたのは、そういう保守主義者の感覚にマッチしたからだと思いますね。

家族中心主義・家族単位主義ではうまくいかない

諸富　しかし、「日本人としての品格」＝「美徳」が重要だ、日本人としてのアイデンティティを再確認しようという発想でいっても、問題は解決しないと思います。「品格」論的発想でいくと、大事にされるのは「家族」です。これは、夫婦別姓はよくない、離婚はよくない、シングルマザーはよくない――ともかく家族が大事だ、という発想に直結します。

日本はずっと、この「家族中心主義」でやってきたわけです。しかしいま、とてもこの発想では立ちゆかないほど、現実は大きく変化してきている。

その一つの現出が、最近、大きな問題となっている「虐待」の問題です。子どもの虐待死は、日本の「家族中心主義」が生んだ問題です。

まず、何よりも、親の言い分を大切にしようという発想があるから、親が「うちは大丈夫です。ちゃんと育てています」と言えば、周りはそれ以上家の中には入れない。介入できない。つまり虐待の問題は、家族中心主義、家族単位主義の限界をすごく端的に表していると思うのです。子どもの命を守るのは「家族」ではなく「社会」だという発想が浸透していれば、もっと多くの子どもを救えるのです。親がノーと言っても、家の中に入っていって、救うことができる。

家族中心主義のもう一つの現れが、二〇一〇年に露呈した老人問題だと思います。百歳以上の高齢者を調べてみたら、その多くが亡くなっているとわかった、あの出来事です。

ある高齢者が本当に生きているかどうか実際には見ていないけど、家族に「元気ですよ」と言われてしまうと、それ以上立ち入ることができない。

なぜあんな問題が起きてしまうかというと、日本では何でも「家族中心」主義で「家族の言うことを尊重しよう」という前提があるからです。

でも、考えてみれば、家族ほど怪しいもの、怖いものはないのです。いちばん愛し合うのも家族ですが、最も強い憎しみをぶつけ合うのも家族ですから……。

奈須　家族は一種のドグマですからね。昔、家風とか家訓とか言ったけど、あれはドグマでしょう。それでも何とか健全に機能したのは、昔は地域社会の中に家族があったからで、一種の相互監視がなされていた。いかに家風と言えども、地域社会の掟の枠内でのことだったわけです。

諸富　そうですね。家族は、ときに誰よりも愛し合い、ときに誰よりも憎み合うものです。つまり「愛憎入り乱れている」というのが家族の真実の姿でしょう。愛のうちはいいけれど、それが憎しみに変わったら、家族ほど恐ろしい存在はありません。虐待は、その一つの典型的な現象です。

ネクストステージ――緩いネットワークのような国家に

諸富　ではこれから、私たちはどういう社会を作っていけばいいのでしょうか。それを構想するときに、国民全員に一律に最低給付を提供する「ベーシックインカム」を巡って賛成か反対かで、議論が分かれます。

私は、カウンセラーをやっているのでそう思うのかもしれませんが、人間は一回一定レベル以上の困難を抱えてしまったら復活がかなりむずかしくなってしまう。だからどんな人であれ、生活の最低保障をしよう、という「ベーシックインカム」の発想には賛成です。

でもスウェーデンのように税率が非常に高い高福祉国家を日本が本当にめざすべきなのかというと、そこも微妙なところです。

最終的には、日本がめざすべきは、「大きな政府なのか、小さな政府なのか」という問題になっていくと思うのですが、私は「ほどよく小さな政府」がいいのだろうと思います。

国が何でもかんでもやっていくという時代はもう終わりました。個人や地域を中心に据え

た発想でないと、これからはやっていけないと思うのです。

しかし、だからといって全部「個人任せ」、「地域任せ」でいいのかというとそうでもない。ある地域ではベーシックインカムによって、その地域の住民のすべての人の生活が保障され、逆に、別のある地域では「うちの市ではベーシックインカムはありません。あくまでも自己責任でやっています。ホームレスも出て構わないけれども、所得税も低いし、裕福な方はどこまでも裕福になっていただきたい」と考え、大金持ちもたくさんいるけど、ホームレスもたくさん出るような、社会のあり方は望ましいとは思いません。

私は「**ベーシックインカム」のような、すべての国民に最低限度の生活を保障するといった方針は、国全体で決めて、それ以外の問題は、個々の地域によって実情が異なるという、緩いネットワークのような国家に日本はなっていく**といいと思っています。

必要なのは緩やかなつながり。しかし安心できるつながりが「ない」！

諸富　従来型の「国家や家族中心の発想」でもなく、「個人単位の発想」でもない、「第三の立場」が必要だと言いました。それが、さきほど申し上げた「**緩やかなつながり＝ネットワーク」志向の社会です。**

ではそこで重要になってくるのは何かと言えば、「地域における支え合い＝ケアリング」ができるかどうかです。私もこの考えに立っている人間ですが、この主張の代表格が、千葉大学の広井良典先生(※10)です。

私も以前千葉大学にいたご縁もあって対談をさせていただいたことがあるのですが、これからの「脱成長」「定常型社会」「新たな豊かさ」やその「持続可能性」を構想する広井先生の論理とプランには説得力があります。そのとき、個人を守る具体像としてどこを単位にするかというと、地域やネットワークだと広井先生は言うのです。

私もある地域で、公立中学校のスクール・カウンセラーを十年以上行っていますが、私の実感としても、「いざというとき頼れるものは、目に見える、人と人とのつながり」＝「地域」だ、という発想には、説得力があるように思います。東浩紀さん(※11)は、同様の主張を展開しながら、人を支えるつながりの単位はインターネットでいい、と言います。インターネットでの「匿名的なつながり」にこそ新しい可能性が見いだせると言うのです。

しかし、私は、こうした目に見えないつながりだけでは、やはり不安を覚えます。

奈須　不安ですね。ネットは極端から極端に走ってしまいがちだし。

諸富　では私たちが安心できるつながりは、どこにあるかというと、そんなものはどこにもない、という実感をもっている人が増えている。これが「無縁社会」です。

先日の3・11大震災で、この「無縁社会」の怖さ、「つながりの重要さ」を肌で感じた方は少なくないのではないでしょうか。

しかし、「答えなき問い」「のっぴきならない問い」に向かい合いながら、何とか答えを見いだしていく。しかも「私はこう思う」というだけではなくて、みんなとつながりながら答えを見いだしていく子どもたちの姿を私たちは学校の中で目にすることができます。

そういう子どもの姿を目の前にしたときに、私たちはかすかな希望を感じることができるのです。

4　これから子どもたちに育てたい力

「人間として強い人間」に育つ——逃げない、投げ出さない子ども

諸富　ところで、奈須先生ご自身が「総合」のような世界に開かれたのは、何かきっかけがおありだったのでしょうか。

奈須　学生時代に実践を見てとても面白かったからです。「クラスで牛を飼って乳搾りがし

たい」「中庭に家を建てて学校に泊まりたい」といったとても素朴な夢を、自分たちの力で何とか実現していくのです。当然、その過程ではわからないことやむずかしいこと、困ったこと、対立や軋轢なども日常茶飯で山ほど起こるのですが、それらを全部引き受けて毎日の学校生活をたくましく仲良く送っていこうとする。すると、その結果として次第に**逃げない、投げ出さない子どもに育っていくのです。**

諸富　子どもたちのそういう姿を実際に目の当たりにされているうちに、引き込まれていった……と。

奈須　そうです。十歳ぐらいで世界と正対し、すべてを引き受けて健気に生きようとしている子どもを目の当たりにして、すっかり驚いてしまった。**一人の人間としてとても強い生き方であり、尊敬できるあり方**だなあと。十歳そこそこでもそういう生き方ができるんだ、これが人間の潜在的な可能性なんだと、おおげさかもしれませんがそう思いました。しかも、それを可能にしたのが学校教育。学校がたかだか授業をするだけで、子どもがこんなに育つのはすごいことだと思ったのです。

諸富　授業一つで子どもはこんなに変わるんだ、ということを目の当たりにされて……。

奈須　そうです。いまは教科にも同じような可能性はあるのではないかと考えているのですが、総合のような生活教育は、ストレートに自分たちの暮らしの創造や改善にかかわる問題解決的な学習をするので、生き方という面ではわかりやすいし成果も出やすい。総合に固有な特質として、**暮らしにかかわる答えのない問いを自分自身の問いとして引き受けて考え抜く**ということをあげることができると思います。

諸富　「答えのない問いを**自分自身の問いとして引き受けて、考え抜く**」。魅力のあるコンセプトですね。

奈須　身の回りに起こったすべてのことを自分のこととして引き受け、逃げない、投げ出さない。私は子どもたちを、こうした「**人間として強い人間**」に育てたいのです。

生きる力＝生き抜く力＝持続可能な社会を作る力

諸富　「人間として強い人間に育つ」ですか――。なるほど。いまの子どもたちに何を身につけさせる必要があるかというと、それは、「**一人一人が自分で考えること。自分で課題を発見し、その課題に自分で取り組んでいくという、生きる力**」だと思います。

「生きる力」の必要性は、繰り返し指摘されてきましたが、この「生きる力」を私は「**生き抜く力、困難な状況にあってもサバイバルする力と読んでください**」と、現場の先生方にお話しています。

日本は一九九〇年代まで成長路線でずっとやってきました。けれども、平成に入ったあたりからいわゆる「成熟社会」――さきほど紹介した広井先生は、「定常型社会」という言葉を使っていて、私もそちらのほうがピッタリくるように思いますが――になってきて、それまでのように「がんばれば必ず報われる」という風潮ではなくなってきました。

世界的にも環境問題などが表面化して、「持続可能な社会」の可能性やそのあり方についても、ずいぶんと議論されるようになってきました。古くは一九七二年のローマ・クラブ著『成長の限界』から最近のドネウ・H・メドウズ他著『成長の限界　人類の選択』に代表されるように、「脱・成長」志向の社会のあり方、そこで人類がどうやって生き残っていくか、経済成長とは異なる形での「新たな豊かさ」をどう実現するかを模索する議論が活発になっています。例えばブータンで、GDP（国民総生産）よりもGNH（国民総幸福量）を重要な指標として採択し始めたことなどは、その象徴的な出来事でしょう。

課題を見つけ、向き合い、解決する時代に

諸富　しかし、そうした大きな変化には必ず「生みの苦しみ」が伴います。一九七〇年代ま

でのように、国から「一生懸命がんばっていれば何とかなりますから、国民として身につけるべき力を身につけましょう」と言われるのは、ある意味では楽なことだったと思います。

奈須　国家に任せてしまうのですから。

諸富　でも日本はもう、こういう路線をとれなくなってしまった。そこで、あとはだれが責任を取るかというと、「ご自分ですよ。ご自分で生き抜いてください。そのために自分で『生き抜く力』を身につけましょう」と言う。「生きる力」が必要、というのは、そういうことだと思うのです。

日本はもはや、そうした「成熟社会」＝「これ以上、成長のしようがない、定常型社会」になってきました。しかも、DeSeCoのキー・コンピテンシーに見られるように、「新しい能力」と言われるものが世界中で模索されています。日本だけでなく、世界中の先進国で同様の現象が起きています。

奈須　ここで一歩間違って、いわゆる新自由主義的な「個々人が全責任を負って」ということでは、結局他人を全部敵に回して……ということにもなりかねません。

諸富　そうですね。

奈須　それはまずいです。そこで、先生の言われる「生き抜く力」の意味というか内実が、どういうことかということです。

諸富　私たち日本人が、**本当の意味で生き抜くことができるためには、「持続可能な社会」＝「お互いにケアをし合い、お互いに支え合える社会」を作らなければいけない。**

奈須　そうです。そういうふうに理解されるべきです。

諸富　その中で、この地球が、あるいは人類が「本当の意味での豊かさ」を「持続可能」にしていくためには、いろいろな課題が山積みです。

それは、「だれかが教えてくれたことを守っていればいい」ということではなくて、この世界に潜んでいる本当の課題を自分で見つけ、それと向き合いながら「自分たちで頭をひねりながら、何とか解決策をひねり出していかなければならない」。そういう時代にいま、入ってきているのだと思います。

この章では、これまでの数十年を振り返りながら、「これからの時代、私たちはどのような社会に向かっていけばいいのか」という大局的な話をさせていただきました。

次の第二章では、より具体的かつ実践的に子どもがこの世の中を生き抜くために必要な力、「答えなき問いを引き受け、問い続ける」とはどういうことかに迫りたいと思います。

※1　香山リカ（精神科医。立教大学現代心理学部映像身体学科教授）

※2　マイケル・サンデル（一九五三年生まれ。政治哲学。共同体主義（コミュニタリアニズム）の中心的論者。サンデル教授の授業「Justice（正義）」がハーバード大学の歴史上、履修学生の数が最高記録を更新。その講義の様子はＮＨＫ『白熱教室』という番組で放送された）

※3　小林正弥（一九六三年生まれ。専門は政治哲学。『友愛革命は可能か？　公共哲学から考える』平凡社新書など）

※4　トマス・ホッブス（イギリスの哲学者。一五八八〜一六七九年）

※5　「万人の万人に対する戦い」（自然状態では人は他者より優位に立とうとし、自身の利益のため、互いに争うということ）

※6　加藤幸次（一九三七年生まれ。上智大学名誉教授。『個別化・個性化教育の理論』黎明書房など）

※7　デューイ（アメリカの哲学者、教育学者、社会思想家。一八五九〜一九五二年）

※8　『美徳なき時代』（著者：A. マッキンタイア　訳：篠崎栄　みすず書房　一九九三年）

※9　マッキンタイア（一九二九年スコットランド生まれ。倫理学者）

※10　広井良典（一九六一年生まれ。千葉大学法経学部総合政策学科教授。専攻は公共政策、科学哲学。環境・福祉・経済を統合した「定常型社会＝持続可能な福祉社会」を提唱）

※11　東浩紀（一九七一年生まれ。批評家、作家。東京工業大学世界文明センター人文学院ディレクター・特任教授、早稲田大学文化構想学部教授）

【第2章】「答えなき問い」を引き受け問い続ける自己の育成

奈須キーワード
より納得のいく私をいまよりも先の時間にほんの少しでもつくろうとする。
個人の自由意思に基づく、しがらまない、しかし憐憫の情にあふれた新たな共同体の創出。

諸富キーワード
「何かわからないけど、このままではだめだ」という「暗黙の問い」の感覚、「漠然とした違和感」を、子どもたち一人一人の内にリアルに感じられるものとして、どう育てていくかが、ほんものの授業の鍵を握っている。

1 総合的な学習の時間にみる「子どもに育てたい力」

「三つの課題」で見る内容構成の原理

諸富　子どもたちが「人間として強い人間」に育つために、あるいは、「生きる力」「生き抜く力」をつけるためには、どのような子ども像をイメージすればいいのでしょうか。

その具体が、奈須先生がおっしゃる子ども像であり、本書のテーマでもある「答えなき問いを引き受け、問い続ける自己」ということになると思います。どのようにしてこの子ども像に迫るのか、総合の内容構造からまずお聞かせいただけますか。

奈須　内容の構造については序章でも簡単にお話ししましたが、改めてお話しします。

総合の内容は各学校で自由に決めていいし、決めないといけないのですが、だからといって、何でもいいというわけではありません。各学校における内容編成のヒントというか拠り所として当初から示されてきたものに、小学校でいうと三つの課題があります。一つ目が、横断的・総合的な課題。二つ目が、児童の興味・関心に基づく課題。三つ目が、地域や学校の特色に応じた課題です。

課題1：グローバルな課題——持続可能な社会の実現にかかわる課題

奈須　一つ目の「横断的・総合的な課題」は、国際、環境、情報、福祉・健康など、ここ数十年の間に社会の変化に伴って新たに生じた、またはその深刻さを増してきた、あるいは切実に意識されるようになってきた、現代社会における生活実践上の諸課題のことです。そのいずれもが、「持続可能な社会の実現にかかわる」課題ですが、これらの課題が厄介なのは、大人も含め誰も答えを見出していないということです。だからこそ、以前よく使われた表現をすれば「現代社会の課題」であり、当然のこととして、十九世紀のヨーロッパ学問を基盤に構成されている従来の教科の枠組みでは十分にうまく扱えない。また、「現代社会の課題」のもう一つの意味は、現代社会に生きるすべての人が、これらの課題を自分のこととして受け止め、日々の生活の中で自己の生き方とのかかわりで考え続け、よりよい解決をめざして行動することが望まれているということです。このように、持続可能な社会の実現を主題とした、地球規模での思考を要する課題ですが、私はわかりやすく「グローバルな課題」と呼んでいます。

諸富　環境問題が、まさにその典型的なものの一つですよね。

課題2：ローカルな課題――よりよい郷土の創造にかかわる課題

奈須　次に「地域や学校の特色に応じた課題」。これは、地域の伝統、文化、行事、生活習慣、経済、産業などにかかわる、各地域、各学校に固有な生活実践上の課題です。私はこれを、グローバルに対して「ローカルな課題」と呼んでいます。どんな地域にも、その地域ならではのよさと同時に、深刻な問題があります。時にそれらは裏腹で、古くからの伝統や習慣が豊かに息づき、濃密な人間関係が存在していることが、若い人にはしがらみに感じられ、どんどん町に出て行って過疎化や産業の衰退をもたらしたりする。同様に、華やかで自由な都会の生活は刺激に満ちていますが、稀薄な人間関係に孤独感や不安を募らせている人も数多くいるといった具合です。この課題を文部科学省は、「よりよい郷土の創造にかかわる」課題とも表現しています。さきほどの、「横断的・総合的な課題」における「持続可能な社会の実現にかかわる」と対応します。

国民国家の枠を崩す――グローバルとローカル

奈須　このグローバルとローカルは、いわゆる社会課題です。子どもたちが市民として直面し、彼らが今後、市民の一人としてどんな社会を生み出していくのかを二つの側面でとらえたわけです。一つには、身の回りで生じているさまざまな出来事を常にグローバルな視点で、地球規模で考える。と同時に、地域に根ざしてローカルにも思考する。

ここで従来の学校教育と大きく違うのは、これまでは国民国家という桁《けた》がすべての思考の基盤でした。しかし総合では、国民国家の枠を超えた大きな桁としてのグローバルと、現実に人々が暮らしを営み、相互にダイレクトなかかわりを生じているローカル、この二つの桁で社会のあり方を模索するわけです。歴史的にいえば、国民国家を立派にするためにローカルは何度となく犠牲になってきましたし、国民国家間の利害対立がグローバルな問題をいたずらに深刻化させてきました。それを乗り越えるべく、国民国家ではない桁で思考しようというわけです。

ローカルはノスタルジックな「ふるさと学習」を超えていく

奈須　ローカルな課題というと、生まれ育ったふるさとを愛する教育、あるいは古き良き時代をノスタルジックに賛美する教育と理解され、そのような実践が多いのですが、それ一辺倒ではちょっと弱いです。例えば九州の子どもが東京に移り住んだら、この東京を地域と思う子どもにしたい。そして、同じくそのときに東京にいる人たちと協同して、東京という地域が抱える問題を解決しようとする人になってほしい。ニューヨークに住んだら、ニューヨークの人たちと連帯できる人。だからローカルと呼んでいますが、ときにはインターナショナルにもなるわけです。日本の、そして世界のどこに住んでも、「私はよそ者だから」「ここの出身ではないから」ではなく、**地域の一員としての自覚をもって地域に入り込んでいき、人々と共にこの町によりよいコミュニティの形成をめざす**。子どもたちには、そういう人になってほしいのです。

その一方で、生まれ故郷のよさを知り、抱えている問題を自分事《ごと》として引き受け、いつでもどこにいても気にかけ、大切に思う気持ちも育てたい。それこそ、何かあったら一番には せ参じる子、手を差し伸べ、惜しみなく力を発揮できる子にしたい。

諸富　生まれ故郷……ですか……。奈須先生でしたら、四国、私でしたら福岡ですね。

奈須　というのも、過疎や産業の衰退が進んでいる地域では、掛け値なしに子どもたちが頼りです。数年前に林野庁で「山村再生に関する研究会」に参加したのですが、中国の経済発展の影響でアジアの木材価格が高騰し、いまや国産材は十分な価格競争力をもっています。加えて、木質バイオマス技術の進歩によりエネルギーとしての木材資源が見直されたり、森林の癒し効果が医学的に実証され、新たな医療拠点としての需要が生じたりと、実は山村には明るい話題が結構あるのです。ところが、実際に山村に行って話を聞くと元気がない。「たしかに今度こそうまくやれそうだという気はしています。でも、私たちがいまから始めて二十年がんばれたとしましょうか。で、その先はどうなります。村にはもう子どもはほとんどいないし、学校だっていつ廃校になるかわからない。だれかがバトンを受け取ってくれると思えるから、人間はがんばれるんじゃないですか。せっかくやっても自分たちの代で終わってしまうんじゃないか。自分たちの代だけのことなら、別にいままでどおりでいいんじゃないかと、つい考えてしまうんですね」。

こういった話を聞いて、学び成長する子どもは未来への希望であるだけでなく、いま現在の自分たちの存在理由を象徴し、確認させてくれる存在でもあると、深く考えさせられました。これが、ローカルな課題のもう一つの側面です。

●国民国家の枠を越えるグローバルな課題とローカルな課題

諸富　私が大会長を務めた日本トランスパーソナル学会の二〇一〇年度大会（於：明治大学）のテーマは、「持続可能な社会とスピリチュアリティ」でした。

このテーマを設定したのは、真の意味での、スピリチュアリティ、つまり精神性の豊かさがなければ本当の意味で持続可能な世界は作れない、という課題意識があったからです。これは奈須先生の言うグローバルな課題ですね。

私自身も、こうしたグローバルな課題に取り組みつつ、もう一方では、ある地域の公立中学校でスクールカウンセラーをやって地域の課題にも取り組んでいます。こちらがローカルな課題ですね。この両方が大切なのですね。

奈須　そうです、両方です。その両方が見える。また、**「両方がつながって見える」ということが大事です。**いままでは、国民国家という枠で思考していた、思考させられていた。これをずらしていくために、従来は**いちばん大きな桁《けた》といちばん小さな桁が「国民国家と家族」だったのを、「地球と地域社会」というところにもってきたのです。**

課題3：インディビジュアルな課題——発達段階にそった個人的で内面的な課題

奈須　三つ目は「児童の興味・関心に基づく課題」です。これがずいぶんと誤解されたのですが、**一人一人の子どもがいま興味なり関心を寄せている課題というだけの意味ではなく、児童がその発達段階において自然と興味や関心を抱くような課題と理解すべきです。**ある種の発達課題といってもいいでしょう。例えば、多くの中学校が二年生で職場体験などの進路学習を行っていますが、これは中学二年という人生の季節が、進路にかかわる興味・関心を切実なものとして子どもの内側につくりだすことに依拠しているわけです。あるいは小学校五年生ぐらいになると第二次性徴が起こってくるので、命の問題や性の問題が切実になってくる。

まさに私の個人としての生き方形成において、その時々に興味や疑問が集中してくる領域なり課題なわけです。命の問題、性の問題、職業的なアイデンティティの問題……。こういった課題は社会的なかかわりもあるけれど、私が一人の人間として、個人としてどう自分の人生設計をしていくかということにかかわる学びです。だから、どちらかといえば社会課題というよりは個人課題。より個人的で内面的な課題、その意味で精神的な、心理学ともかかわりが深い課題だと私は思うのです。

諸富　なるほど。

総合では、二つの社会課題と一つの個人課題によって生き方を育てる

奈須　私は、この二つの社会課題と一つの個人課題を「グローバル」と「ローカル」、それと個人的という意味の「インディビジュアル」という言い方をしています。つまり、人の生

き方形成を、グローバルな市民とローカルな市民と、ある種の一個人という三つの側面でとらえていこうというわけです。【図1　総合的な学習の時間の「三つの課題」】

高等学校の学習指導要領では、小中学校までの「生き方」という表現をさらに進めて「在り方生き方」と表現しています。その意味合いとしては、「生き方」は、個人としてどんな職業的将来展望をもつか、市民の一人として地域のゴミ問題をどのように考え行動していくのかといった、具体的な問題に対する「私」のかかわりの角度、アプローチの仕方を指しています。一方、「在り方」というのはもっと哲学的というか理念的なもので、時間的に限られた人間存在としてこれからの時間を自分としてどのように過ごしていこうと考えるか、その理想的な自己像の希求なのです。

諸富　「生き方」はDoing、「在り方」はBeingということですね。

奈須　Beingとしての「在り方」を自己形成の基底に据え、教科学習の成果も「活用」しながら、それ自体を哲学的に下へ下へと潜り込むように深めていこうと。そういう動きが高校になると自然と出てくる。少なくとも潜在的に高校生は切実に求めている。それに正面から応えていこうということです。【図2　高校生の自己形成の要素】

ただ、それだけではややもすれば観念的なものに終始する危険性がある。そこで、理念としてのBeingを足場に、では日々の生活実践を現実にどのようにDoingしていくか。それも、市民としてのDoingと個人としてのDoingの二つの側面で考えていく。これが伴うことが大事です。そしてDoingを模索し、現に行為した経験を踏まえ、再度Beingを問い直す。こういったBeingとDoingの間での思考、感情、行為の往還がとても大切だし、とくに高校生の自己形成では決定的に重要だと考えたわけです。

　このBeingを発達的にというか、カリキュラムのシーケンス（連続性・順序性）で見ると、

社会課題	グローバル
	ローカル
個人課題	インディビジュアル

図１　総合的な学習の時間の「３つの課題」

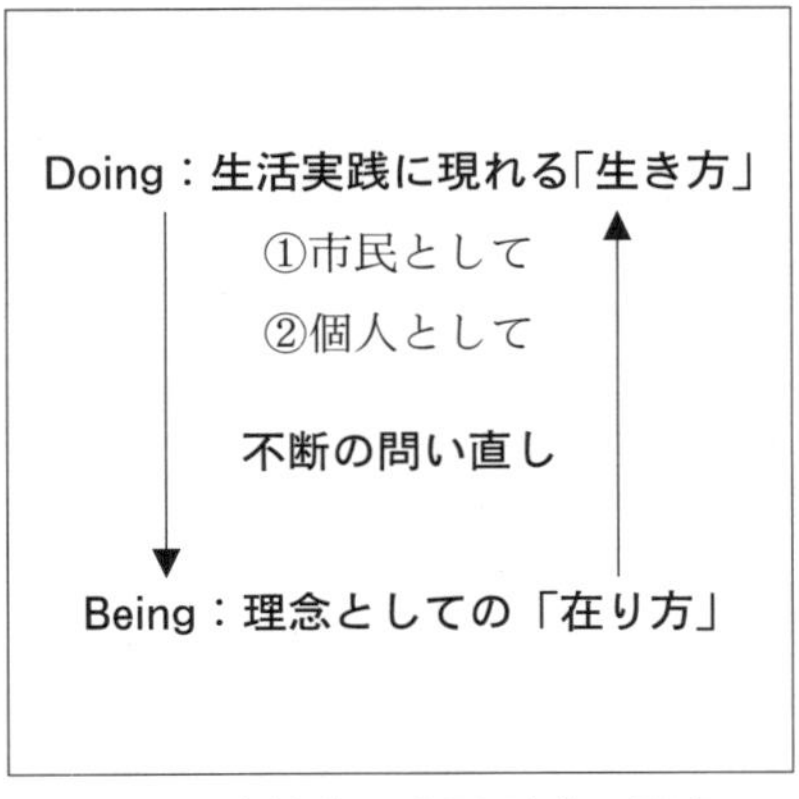

図２　高校生の自己形成の要素

生活科の内容項目の一つに「自分の成長に気付き、それを支えてくれた人々に感謝の気持ちをもつとともに、これからの成長への願いをもって意欲的に生活できる」がありますけど、これが出発点です。学年が上がると、これが「児童の興味・関心に応じた課題」につながり、キャリアや生命といった問いを中心に深まっていく。これらは、まだ具体的な生活者としての個人の生き方探究ではあるのですが、その基底には後にBeingとして独立していく芽のようなものが、本人には十分に自覚的ではないでしょうが、潜んでいると思います。それが高校生ぐらいになると明晰に自覚され、哲学的で理念的な在り方探究を生み出していくと考えるわけです。

いずれにせよ、先に見たような三つの側面で人間の生き方を育てるということを考えています。そして、どれにも共通しているのは答えがないこと。どれも答えがなくて、諸富先生がおっしゃったように、自分のこととして日々の生活の中で自己の生き方とのかかわりで考え続けなければ、一生涯考え続けなければいけない。その最初の考える契機と、後々のモデルとなる上質な問題解決経験を小学校、中学校で与えていくことで、その子が自立して一生涯自分の在り方生き方を、この三つの側面で問い続け、深め続けていけるような子どもにしようという発想です。

「答えなき問い」とは

1 総合の課題には「答えがない」

答えなき問いに取り組むことが、自己の生き方となっていく

諸富　さて、これから本書のテーマである「答えなき問い」を「引き受け」、それを「問い続ける」とはどういうことか、じっくりとお話を進めていきたいと思います。

まず「答えなき問い」についてです。教科では、あらかじめ答え（正解）があって、それを子どもたちに教えるという形が基本だと思うのですが、総合で取り組む学習課題は「答えがない」。序章でうかがった総合の実践例の「コイを選ぶか、メダカを選ぶか」といった問題は、まさに「答えなき問い」ですね。

奈須　さきほどお話したように、総合では、小学校でいうと「グローバルな課題」「ローカルな課題」「インディビジュアルな課題」の三つの側面で人間の生き方を育てていきます。

これらすべてに共通しているのは、大人も含めて、誰も答えを見いだしていない課題、「答えなき問い」。これに取り組むのです。

「自己の生き方を考える」というと、「よい生き方を教え込む」といった、かつての徳目道徳みたいなことだと誤解されがちですが、そうではありません。道徳が応用倫理学ベースになってきたように、総合も「答えなき問い」を、具体的な問題と対決し問題解決するなかで解き明かしていく、と考えるのです。

諸富　今回の小学校の道徳の学習指導要領にも、総合と同様に「自己の生き方」という文言が入っています。具体的な道徳問題——それは、友達との人間関係の問題であったり、地域の環境問題であったりと、さまざまですが——具体的な道徳問題に直面したときに、子どもたちが、否、私たち大人を含めた一人一人の人間が、「答えなき問い」に自分自身で取り組んでいく。このことが、「自己の生き方」を鍛えていくことにつながっていくと思います。

ところで、「答えなき問い」といえば、「人生そのもの」が「答えなき問い」ではないでしょうか。「答えなき問い」を引き受けて、考えて考えて考え続けて、「自分なりの答え」をその都度、何とか出していく。人生とは、いわばその連続ですよね。

奈須　**答えなんてどこにもないのです。答えとは、具体的な対象、人・物・事に対し効果的**

に働きかけ、いい応答関係をつくれるということでしかないのです。

総合の実践例：答えなき問い「生命を食べる」

諸富　ああ、このとき、子どもたちのなかに、「答えなき問い」が形成されていったんだな。そう実感された具体例を、奈須先生が見てこられた実践のなかから、ご紹介いただけますか。

奈須　千葉市立打瀬小学校の五年生の授業で、「命を食べるということはどういうことか」という課題が探究されました。もともとは給食の残滓《ざんさい》が多いというので、捨てるのはいけない、捨てているのは命だということから、どうすれば残滓が減るかという話だったのですが、そこから命を食べるとはどういうことかが話題になりました。

例えば、「命を食べなくても生きられる」と主張する子どもがいて、「ベジタリアンは命を食べないで生きられる」と言うのですが、「でも植物も命でしょ」という反論が出る。すると途端に、植物と動物は命としてどう違うかが問題になるわけですが、とてもむずかしい。でも、このことが明らかにならないと、子どもたち自身が日々食べているというのはどういうことか、という問いは解決できません。

「個人的な課題や日常の暮らしにかかわる課題なんかは所詮底の浅いもので、深い学問的な課題にはならない」と言う人がときどきいますが、そんなことはない。私たちが暮らして、命を食べているとはどういうことかをよくよく考えてみると、なかなかにむずかしく、多分に学問的な問いに行き着くし、解決には高度な専門知識を必要とします。

子どもたちもよく調べてきて、インドあたりでは一口にベジタリアンといっても実に多様で、「魚まではいい」あるいは「卵は食べても構わない」と言う人たちもいるらしい。卵などは動いていないからという理屈だそうですが、そこから子どもたちは「卵も命だろう」「いや、卵はまだ命ではないいんじゃないか」と議論を始める。生命としての個体発生をどこからと見るかという問題ですから、これまた非常にむずかしい。ついには人工妊娠中絶の是非を拠点に、人権や生命の尊厳の問題にまで発展します。

ある日の授業で、「命を食べることは仕方がないにしても、私たちは命に対してとても無配慮じゃないか」と言い出す子がいました。ブロイラーがベルトコンベアの手カギにつり下げられて食肉工場の中をぐるぐる回っている写真を、その論拠として出してくる。誤解のないように、彼女の主張はその仕事や仕事をしている人が残酷とかそういう意味ではありません。ごく一般的な議論として、私たちにはまだまだ無配慮な部分があるのではないか、という問いかけですね。

その授業が四時間目で、その後の給食に鶏肉が出ました。**総合が面白いのは、さっき勉強したことがそのまま暮らしに跳ね返ってくること**です。実は同じことが社会科や理科でも言えるし、教科もそのようにしていきたいと私などは思うのですが、総合の場合はごく自然に、見えやすい形でそういったことが起きる。さっきまで話していたことが目の前に具体として迫ってくるのです。食肉工場の写真を持ってきた女の子に対して、隣の女の子が、「あなたがあんな話をするから、今日は鶏肉が食べられない」と訴える。

諸富 それは……わかりますね。

奈須 ところが当の子どもは、「じゃあ、もーらい」って、隣の友達の分まで食べてしまったのです（笑）。もちろん周りの子は黙っていない。「あなたはさっき鶏がかわいそうだって言ってたのに、言ってることとやってることが違うじゃない」と糾弾する。するとその子は静かにこう言ったのです。「殺されているんだから、食べてあげないと、もっとかわいそうだと思う」。

諸富 「殺されているんだから、食べてあげないと、もっとかわいそう」ですか……いいことを言いますね。少し前の授業で命について考えて、給食で鶏肉が出た。鶏に対してたいへん申しわけない思いをして葛藤して、でも残してしまってはかわいそうだ、と思って食べざるをえない……。これは結構、リアルな問題ですね。

奈須　私の外側にあらかじめの正解のような「答え」はないのですが、「私はこう生きたい」「私はこう処したい」という意味での「応え」はある。というか、自分自身がより納得のいく「応え」を自らの内側に生み出すべく、学んだり考えたり議論するのが総合なのです。ここで興味深いのは、内側に「応え」を生み出そうと懸命に思考すればするほど、子どもは外側にある事物・現象をいっそうしっかりと見ようとすることです。教科が教えてきた事実的な知識や科学的な認識方法が、ここで大いに役に立つ。文部科学省が「知の総合化」と表現したことですが、総合の中で生き方を探究していくほどに、教科の学力が役に立つし、教科を学ぶ意義が身にしみて理解される。まさに総合と教科、生活と科学、経験と認識は互恵的で相互促進的な関係にあるわけです。

「答え」とはいい応答関係をつくることであり、自分を変化させること

奈須　生活科ができたときに画期的だと思ったのは、**生活科の学力論は「関係が変わる」ことだ**と。例えば、「私と町は関係がある」、その関係が子どもの自立をより促進するものへと変わっていくことをもって、学力が身についたと考えようというわけです。

生活科の初期に、「町探検なんかばかげている。二年生にもなれば、子どもは毎日町を歩いてよく知っているだろう。何でわざわざ探検に行くんだ」と批判する人が結構いました。たしかに、子どもたちは町を歩いているし、眺めてもいる。その意味で関係はすでにあるのですが、そのあり方は実に表面的で無自覚的です。そこで、子どもたちに「探検」という角度で改めて町を見つめさせる。これが町探検のポイントです。すると、これまで知っていると思っていた町に、まったく違う景色が立ち上がってくる。よく行く文房具屋さんにしても、見ていたのは買い手の側からの景色だけで、売り手であるおじさんの位置からの景色は知らなかった。また、個々のお店については知っていても、商店街というつながりを意識したことはない。よく知っているおばさんやおじさんたちも、それまでとは別な新鮮な存在として立ち現れてきて、私とおじさんの関係が変わる、ひいては私と町の関係も変わる。自分を取り巻く人・物・事について、「探検」という視点から改めてまなざすことで、私と町の関係が深まったり、変わったり、ひっくり返ったりするのです。生活科も学習ですから、それが成立すると学力が高まるわけですが、それは外側にある何かが身につくといったイメージではなく、対象とのかかわりが変わることだと。**人・物・事とのかかわりが深まり、よりよいものへと変貌を遂げていくこと、さらにそのかかわりを自力で深めたり、変化させたりでき**

るようになることが学力だという生活科の発想に、私たちは大いにショックを受けました。

諸富　それは、よくわかりますね。例えば町の例で言うと、私が勤める明治大学は神保町にあるでしょう。急いでいるときは、もう一目散に歩くので、ただの通路にしか見えません。けれど、会議が予想より早く終わったりして時間ができると、神保町を散歩することがあります。すると、ほんの数十分歩くだけでも、いろいろな新鮮な感動があったりします。これが、自然と「町体験」になってきているわけですね。

関係が変わるとは「真剣に向き合って私が変わること」

奈須　そうなのです。「町を知る」という言い方をよくしますが、知るというのは単に知識が増えるだけではなくて、私の町の歩き方とか、歩いているときの心持ちまで変わるのです。神保町あたりだと、店のおばちゃんから、いつごろからやっている古いお店で、よくこんな有名人も出入りしたとかという話を聞いたりするでしょう。「へえ〜」と思ってうれしくなったりするのだけど、それは「あのおばちゃんって、こんな思いでお店をやっているんだ」という事実を知ったことに加えて、「そういうおばちゃんがお店をやっている町を私は歩かせてもらっている、そういう私なんだ」と考えることで、ちょっぴり幸せな気持ちがわき上がってきて、町を歩くのがより楽しくなったりする。さらに、「またそんな人に出会えるといいな、という思いをもって歩いている私」になっているのではないかと思います。

かかわりが変わるということは、かかわりに引きずられて、私が変わることでもある。

「人・物・事とのかかわりが変わる」というけれど、客観的実在という意味での人・物・事は動かないので、それらとのかかわりが変わるということは、実は私が変わることなのです。

総合の授業では、外側に具体的で圧倒的な存在感をもった実在を据えて、私とそれらとのかかわりを検討し、自分自身をより納得のいくものへと変えていく。さきの実践例でも、客観的実在としての命や鶏肉や工場は動かないわけだから、**それと私が抜き差しならない、のっぴきならない関係にどんどんはまっていくということは、**実は「**私が変わる**」**こと**なのです。

2 教科にも答えがない

「教科にも答えがない」――すでに発見されている以外の答えを見いだせる可能性

奈須 その対象と有効な関係を取り結べることが学力であり、コンピテンシーだという発想ですから、答えはないのです。あるわけがない。最終的には教科ですら答えがないということにしたい。教科も答えがないと考えたほうが、むしろ面白くなる。答えがないと何がいいかというと、すでに発見されている以外の答えを見いだせる可能性だってあるということ。教室でやっている勉強が、前人未到の発見にいたるかもしれないということです。

諸富　すごい話ですね。

奈須　でも、アインシュタインやエジソンの逸話などは、そういう話ですね。彼らは、教師も考えなかったようなことを考えていた。「答えがある」とすると、そういう発想はどんどんつぶされていきます。教師が、「そんなことは考えなくていい」「そんなつまらないことにこだわらなくていい」と言うわけでしょう。それが、子どもの知性的な発展の可能性をつぶしているかもしれない。もしかすると、この教室に将来のアインシュタインやエジソンがいるかもしれない、と教師には思ってほしいわけです。

実践例：教科にも答えはない――算数の実践

諸富　教科学習でも「答えのない問い」が大切だということですね。とてもわかります。重要な点ですので、何か、具体例を教えていただけますか。

奈須　低学年の算数の授業です。問題は「太郎君が一〇〇〇円持ってお使いに行きました。

①250＋120＋80＝450　1000－450＝550（円）

②1000－250－120－80＝550（円）

③1000－250＝750

750－120＝630

630－80＝550（円）

④1000－250＝750

150－120＝30

100－80＝20

500＋30＋20＝550（円）

まずパン屋さんで一個二五〇円のパンを一個買い、次に果物屋さんで一個一二〇円のりんごを一個買い、最後に文房具屋さんで一個八〇円の消しゴムを一個買いました。おつりはいくらでしょう」。これに対して、四人の子どもが黒板に答えを書きました。

①〜③はいいですね。問題は④です。そのとき教師は、④の答えを出した子どもに、「何でこう考えたの」と尋ねた。すると、その子はこう言いました。

「一〇〇〇円札を持ってパン屋さんで買い物をしたら、おばさんは五〇〇円玉と一〇〇円玉二個と、五〇円玉一個でおつりをくれるでしょう。次に果物屋さんでは一二〇円だから、一〇〇円玉と五〇円玉を出したら三〇円おつりがきて。同じように文房具屋さんでは一〇〇円玉を出したら二〇円おつりがきて。それで、五〇〇円玉と三〇円と二〇円を、お母さんに、『はい、おつり』って渡すんだよ」。たしかに実際に買い物すればこうなるのです。

諸富　なるほど。実際に私たちがコンビニなどで買い物をするときは、そのままですね。

奈須　現実には、だれ一人として①の答えのように買い物はしません。だれもしないのを書いたら正解で、実際に買い物をしたとおりだと不正解になってしまう。担任の若い先生はこの子の言い分を聞いて、自分がいま子どもたちに教えようとしていることがわからなくなったと、後で聞いたら言っていました。

ここでたいていの教師は、もしわからなくなっても「わからない」とは言わない。この場面でも、多くの教師は「なるほどね。実際の買い物のときはたしかにそうします。買い物のときはそれでもいいでしょう。でも、算数ではそうはしないのよ」と。

諸富　「算数ではそうはしないのよ」ですか……（笑）。

奈須　算数に対して自分を閉ざしているのですね。なぜ算数ではそうはしないのかは、不問に付してしまう。「算数というのは私の外側にあるもので、だれが何と言おうと正しい答えがある」と信じて疑わないからでしょう。

でも、この授業の担任は違っていて、「なるほど。たしかにお使いのときは先生もそうします。そう考えると、①〜③の答えが変な気がしてきたんだけど」と言うわけです。すると子どもたちが驚いて、「塾で教わったもん」「教科書にもそう書いてある」と言うのですが、担任は落ち着き払って、**「先生も子どものときに②や③のように教わったけど、でも、みんなこれで納得できる？」**と言ったのです。

諸富　「納得感」の問題ですよね。

奈須　子どもたちも「納得できない」と。こんなときに子どもは、「そんなこと言ったって教科書にもそう書いてあるし、長いものには巻かれろだよ」などとは言わない（笑）。そこがいい。まだ可能性があるのです。その後、担任が「でも、そうは言っても、②や③は教科書に載っているんだから、④よりも何かいいことがあるんじゃないかな。どんないいことがあるかしら？」と解決の糸口を出して、子どもたちと一緒に考え始めるわけです。

するとー人の子どもが、「もし、パン屋のおばちゃんが七五〇円のおつりをくれるとき、五〇円じゃなくて一〇円玉を五個でくれたら、④の式だと二番目の式がなくなる」と言った。

諸富　面白いですよね。それを聞いて、担任もようやく気がつく。

奈須　④だとおつりのくれ方のようなたまたまのことで、式がコロコロ変わる。でも、③だと変わらない。いつでもどこでもだれでも同じ式になる……これは算数のよさそのものです。

数学の表現がもつ普遍性や協約性といった特質ですから。

興味深いのは、子どもたちが自分たちの現在の数理を出発点に、より納得のいく数理を求め続けていくと、結果的に教科書にある姿に行き着くことがとても多いということです。数学だって人間が創り出したものですから、同じ人間である子どもたちが納得を求めて数理を極めていけば、いわゆる「個体発生は系統発生を繰り返す」式に同じ地点に行き着きやすい。大事なのは、なぜこれでなければいけないのかが納得を伴って明らかになってくること。つまり、教科としてかえって深まることです。

この授業で面白かったのは、最後に、「じゃあ、①と②と③のうちどれがいちばんいいかしら」と先生が質問したら、ある子どもが、「パン屋さん、果物屋さん、文房具屋さんの順番で買い物をしようとしたんだけど、道路工事をしていて、しかたなく逆の順番で買い物をしたら、③だって式が変わっちゃうし、④はもうぐちゃぐちゃになっちゃう。でも、①はほとんど変わらない。だから①がいちばんいい」と言ったのです。

諸富　なるほど。たしかに、それは、論理的な考えですね。

奈須　低学年の子どもは、本当はこんなにも知性的なのです。子どもは本来そのぐらいの力をもっている。それが発揮されるかどうかは、算数を「答えがあるもの」として受け身的に学ぶか、「答えのないもの」として主体的に自らの納得を求めて考え抜いていこうとするか、にかかっているのではないかと。

この事例では、なんといっても子どもにとっての切実さが違う。算数の問題が、のっぴきならない問題になっているのです。毎日お買い物をしている際のおつりのやりとりとは異なる形で算数の式は表現されていて、しかし昨日までは不思議とも何とも思わなかった。でも、今日はそれが奇妙な異物に見える。そして、その正体を知りたくなる。奇妙なんだけど、きっと何か意味があるはずだと。そしてその意味は、当然自分たちが納得できるもののはずだとの仮定のもとに、実に豊かなイマジネーションを発揮して推論を重ね、数理として構築していったのです。

そしてついには、「いつでも、どこでも、誰でも同じ式になるようにするのが算数なんだ」ということに気づく。日常的なやりとりをそのまま記述するのが算数ではなく、いつでも、どこでも、誰でも同じ式になるようなやり方で記述するのが算数だし、そのほうが汎用性があるので都合がいい、ということが納得できた。算数の式表現自体は日常のお金のやりとりとは若干違うのだけれど、計算結果は変わらないから実用上問題がないということも含めて納得する。

このような現象を心理学では、「間違っていた知識が修正された」と見ます。誤概念や素朴理論といって。どこかで「答えがある」と発想しているのかもしれません。私はそう見るよりは、**「その子がより納得のいく数理を求めて問題と対決するなかで行き着いた結果が、先人が何百年、何千年、何万年前に同じように数理と対決し、納得して残した結果と一致した」と考えたい。**

諸富　教科にも「答えはない」のですね。

かかわることをあきらめさせない

諸富　この算数の問題などを考えていると、私自身は、いまよりも小学校のときのほうが、頭がよかったように思います（笑）。

奈須　このように具体に則してイマジネイティブに考える力は、小学生のほうが優秀かもしれません。普段の授業でも本当に面白い発想をしているのですが、問題は教師がそれを聞き取れるか、聞き取れたとして「そんなことはいま考えなくていいから」と切り捨てていないかです。

諸富　いま私が思い出したのは、分数の割り算のことです。私は分数のかけ算までは、よくわかったのです。なるほど、そうすればいいのか……と。けれども「分数の割り算」になると、どうして引っ繰り返してかけるかが、ぜんぜんわからなかった。何日も何日もかけて、ものすごく悩んだのを覚えています。どうしてそうすればいいかがどうしても、納得できなくて……。

それに相当する具体的な場面が、思いつかなくてですね……。

奈須　はい。分数の割り算の具体的な場面って、日常的にはないのです。あそこから算数につまずく子どもは結構多いです。

諸富　ものすごく悩みました、四年生のときに。それでご飯ものどを通らなかったことを覚えています。

奈須　小さいときは、そうやって考え続けるというか、かかわり続ける意志が強いです。でも、年齢が上がるとだんだんあきらめていくではありませんか。

諸富　小学校四年生で私は「分数の割り算」の謎を解くのをあきらめて、それで大人になっていったというわけですね（笑）。

奈須　さっきの事例でいうと、教師が「生活のなかではそうするけど、算数ではそうはしないのよ」って言って、子どもに「何で？」と聞かれたときに、「昔からそう決まっているの」

とか「算数ってそういうものなの」、挙げ句の果てに「どうしても！」なんて切ってしまうから、子どもたちはあきらめていく。**「私がかかわれない世界が世の中にある」ということを教師に宣告されたわけですから。結局それが、かかわることをあきらめさせる。**それとは逆に、子どもたちに世界とのかかわりをあきらめさせない、どこまでもかかわろうという志を育む授業にしていく努力が大事ですね。

人間は「未来から問いかけられている存在」である

諸富祥彦

◆ジェンドリンのThe Implicit論

「答えなき問い」という言葉を考えるとき、私の頭に浮かんだのは、ユージン・ジェンドリンという哲学者です。彼は一般的にはフォーカシングという心理技法の開発者として知られていて、心理学が本職だと思われていますが、実は本来の専攻は哲学です。

ジェンドリン哲学の重要概念の一つに、「The Implicit（インプリシット）」という概念があります。

「私たちは、常に、この世界から、未来から、問いかけられている。それを問い続けるための『暗黙の手がかり』を、私たち一人一人が自分の中にもっている」と言うのです。

「まだ、言葉にも、イメージにも、何の具体的な形にもなっていないけれど、その問いについての答えに私たちを導いていくような『暗黙の何か』が、私たちの内に、ある。それが私たちを常に導いている」。ジェンドリンはそう言うのです。

この、私たちの内にある「暗黙なもの（The Implicit）」は、時制でいうと「未来」です。未来からの問いかけが、一人一人の人間の内側に、常に、「からだの内側にある、曖昧な感じ」として与えられている、というのがジェンドリンの考えです。私たち人間は、自分のからだの内側で、暗黙なるもの（未定型なもの）として、常に問いを感受している。そして、このおのずと感受され保持されている「暗黙」の「感じ」に、私たちは常に導かれている。人間は**「世界からの問いかけ、未来からの問いかけを、たえず自らの『からだ』で引き受け感受している存在である」**と言うのです。

私たちは、生きていると、ふと、「何か、これはおかしいな」とか、「ん？　これは、変だぞ」「何か、引っかかるな」といった「不全感」「違和感」のようなものを感じることがしばしばあります。

「何か違うな」「何かこのままではいけないな」という「違和感」や「不全感」が、言語化以前の曖昧なからだの感じとして形成されてくる。この「曖昧なからだの感じ」がThe Implicitです。

ジェンドリンは、私たち一人一人が、自らの内側の、この「言葉以前の、何か」に、どこまでていねいにかかわっていくことができるかが、人類の未来を決めると言っています。

これは論理ではありませんが、単なる直感でもありません。「直感」と言ってしまったら、それでおしまいになってしまいます。

The Implicit は論理でもなく、直感でもない。ある意味では論理以前、概念化以前であり、ある意味では非常に多くの概念をその内にすでに含んでいる「暗黙の何か」＝私たちを常に導いている「曖昧な、からだの感じ」です。

ジェンドリンは、私たち一人一人が自らの内にもっている、この漠然とした「からだの感じ」、これを The Implicit と呼ぶのです。これが「暗黙なる問い」として、私たち人間の内にたえず形成されている。「未来からの問いかけ」は、常に、すでに、私たち一人一人の内にあるのです。

◆「未来からの問い」を、子どもたちの「内側」にどう形成していくかが一つの授業原理である

もし私たちが、自分の内側に与えられているこの「暗黙知」＝「暗黙の問い」を大切にしていくことができるならば、人類は、既存の文化パターンを超えて、さらに進化していくことができるはずだとジェンドリンは考えます。内なる「暗黙の問い」に導かれて、「既存の文化パターン」を超えて創出していった例として、ジェンドリンはアインシュタインとか、スタニスラフスキーとか、イサドラ・ダンカンをあげています。

例えば、アインシュタインは次のようなことを言っています。

相対性理論を考え、文字として公式化する二十年ほど前から、私はそれを暗黙の感覚として知っていた。私はそれが何であるかわからないけれども、ある問いとそれに対する答えが自分の内に形成されていることを、この二十年間感じ続けていた、と。

アインシュタインは、「暗黙知」のレベルで、後に公式化される二十年も前に、相対性理論を自分の内側で「知っていた」。そして、その「暗黙の感じ」に導かれて、二十年かけてそれを概念化していったわけです。

イサドラ・ダンカンも同様です。普通のバレエを踊っていて、「何か違う」という感覚を味わったとき、踊りがぴたっと止まってしまった。

形どおりに踊っていたら、踊り続けることができたはずです。でも彼女はあるときに微細な「違和感」を感じて、ついに踊ることができなくなった。そのとき、「これは、何か違う」という「違和感」に導かれながら、自分なりの新しいムーブメントを考え始めた。それによって、新しいバレエが創造されたわけです。つまり真のクリエイティビティ、創造性というのは、頭で考え出すものではなく、暗黙の身体知に導かれながら創出されていくものなのです。

「真の問い」は、まず、「暗黙の身体感覚」「概念以前、イメージ以前の曖昧な、からだの感じ」として、私たちの内側にもたらされる。その感覚に導かれながら、新しい「何か」を私たちは発見していくのです。私は、この「曖昧な、からだの内側の感じ」の形成が、最も重要な授業の構成原理の一つになると思っています。それは、子どもたちが、自分の内側に「世界からの問い」「未来からの問い」を暗黙の形で形成していくことにほかならないからです。

「何か、よくわからないけど、このままではだめだ」「何かが、おかしいぞ」「何か変だぞ」「このままでは、いけない感じがする」という漠然とした感覚、The Implicit とジェンドリンが言っている**暗黙の問いの感覚――これを、どうやって子どもたち一人一人の内側に形成していくか**が、子どもたちの内側に「問い」を形成していく原理であり、最も重要な授業原理でもあるのです。

「引き受ける」とは

1 つながるからこそ引き受けられる

「断ち切る」から「つながりづくり」へ

諸富　次に、「答えなき問い」を「引き受ける」とはどういうことか、お話していきたいと思います。

「引き受ける」とはどういうことか理解するために、その逆をイメージすると、わかりやすいかもしれません。「引き受ける」ことの逆は、「世界の問題を自分とは関係のないこととみなして切り離してしまう」ということですよね。

奈須　お笑いタレントの小島よしおさんに「そんなの関係ねえ」というフレーズがありました。私はそこから従来型の学力を「小島よしお型学力」と呼んだりします。「そんなの関係ねえ」とばかりに、どんどんぶち切ってきた。「いいからいいから、そんな余計なことは考えるな。これだけやっておけば受験はオーケー」と、当の学校があろうことか世界と子どもたちをどんどん関係なくしてきた。

でも、これからはそうではなくて、**すべての人・物・事は、私と関係がある**と思う子どもにしたいのです。大学生を見ていてもそうですけど、若い人たちのなかに、そう思考する人はとても増えてきました。「世界中で起こっていることはすべて私とかかわりがある」として、私から積極的にかかわりを求めていこうという人が増えてきた。理由はさまざまでしょうが、一つには社会がどんどんぶち切れていって、アイソレーション（孤立）を起こしている現実を目にして、それは違うのではないかという強い抵抗感を抱いているのだと思います。

私たちが子どものときはそうではなくて、まだ地域社会のしがらみとかがたくさんありましたから。

諸富　地域のしがらみが断ち切れなかった。

奈須　切って一人になりたかった。でも、いまの若い人は逆に最初から切れている。はなから一人だから、かかわりたいのです。

諸富　地方から東京に出てきた学生は、一人でいると、やっぱりさみしい……。東京で育った学生たちも、人とかかわりたいし、人の役に立ちたい、人に必要とされたいと、よく口にします。これはやっぱり、かかわりを求めている、ということでしょうね。

奈須 逆に言うと、そうでもしないと自分がここに確かにいるという実在感がもてないということなのでしょう。

●人とつながろうとしていくよさや方法を知る

奈須 彼らのなかには、寂しくて孤立してそのままで沈んでいく子、引きこもる子がいます。その一方で、現状を乗り越え、自分の世界を広げて、人とつながっていこうとする子もたくさんいる。それを支え、強化していく学習領域が必要だと思います。

諸富 自分を世界に向けて開いていく学びの機会が必要ですね。

奈須 学校でそういう学びと実践の経験をすることで、それがいいものだと実感し、具体的にどうしていけばいいかもわかる。

諸富 世界に開かれること。世界に自分を開き、世界からの呼びかけに応えていく、ということですね。

自分を世界に向けて開いていく、世界からの呼びかけに応えていく――こういう力を育んでいくことで、またそこから、いろいろなものが見えてくるように思います。

例えばキャリア教育を例に取ると、「自分がどう生きたいか」、「十年後どうなりたいか」、「三十五歳になったときにどうしていたいか」を考え、話し合っていくようなエクササイズを行うことがあります。「自分がどう生きたいか」の根底にあり、自分と職業をつなぐものをキャリアアンカーといいますが、このキャリアアンカー、自分の価値観を見つめさせるエクササイズです。

しかし、例えば大学生の就職支援で、キャリアシートに「自分が大切にしたいもの」を書けと言われても、何も書けない学生がたくさんいます。キャリアシートを埋めようと、考えれば考えるほど、「自分のなりたいもの」がない、という感覚にさいなまれます。

しかし、そういう学生でも、少しでも関心のある仕事が見つかって、インターンシップに行くと、その仕事にはまり込んでいき、「ああ、私は、こういうことがしたかったんだ」と気づくことが少なくありません。

小・中学校での校外学習でも同様のことが起きると思います。**最初は関心がなくても、実際に、現場に行って、一生懸命かかわっているうちに、コミットしていきたくなる気持ちが出てくることは、しばしばあるのです**。だから、まず、「考える」よりも「行動する」こと、実際に現場にかかわってみることが大切です。

「これは本当に私がやって意味のあることだろうか」とか、「私に本当に適性があるのか」などと考えすぎるのはよくありません。「考えすぎ」が動けなくなるいちばんの原因です。適性がないかな、と思っていても、「ちょっと気になるから」インターンシップで現場に行って仕事をしているうちに、「これが天職かも」と思い始めて実際に職に就く学生は結構いるものです。

実践例：ゴミ箱を置くとゴミが増える――誰かや何かを気にかけ続ける

諸富 「世界中で起きていることは、自分に関係していることである。だから、自分のこととして引き受ける」。「この世界で起きていることは、すべて自分とつながっている」。そういう実感を子どもたちに育てることができるようにしていくことが、分野を問わず、いま、教育で本当に必要とされていることだと思います。

そんな実感を育てることができたと思える「総合」の実践は、何かありますか？

奈須 横浜市立大岡小学校の近くを流れる大岡川、その岸ぞいが地域の人たちのちょっとした憩いの場所になっていました。ところが、そこにゴミが落ちているのに気づいた子どもたちがゴミ箱を設置する計画を立てた。でも、実際に設置しようとしたら町内会から抗議がきた。「ゴミ箱なんか置くと、いよいよゴミを捨てる人が増える」「ゴミ箱を置くのはいいとしても、ゴミ箱に捨てられたゴミはどうするんだ」と。子どもたちはそこまで考えていない。最初は自分たちが町のことを親身になって考え、よかれと思ってやろうとしているのに、「どうしておじいちゃんたちはケチをつけるんだろう」って憤慨するわけです。でも、話をよく聞くと、おじいちゃんたちのほうがずっと前からその道のことを大事に思って、清掃活動とかいろいろなことをしてきて、同じ気持ちなのです。同じ気持ちなのに叱られたのはとてもショックだった。でもよくよく考える中で、ゴミ箱を置いたら何が起こるかについての、自分たちの見積もりが甘かったことに気づく。

地域の人たちと同じ気持ちで地域をよくしようと思ったのに叱られたという体験を通して、**その行為が何をもたらすかを、よほど奥まで、また幅広い見地から考えていかないとだめだということに気づく。**ゴミ箱があるから簡単にゴミを捨てようとする人が出る。ゴミ箱に入らなかったゴミはその付近に置いていく。そこにいきなり目がいくおじいちゃんたちとは年季が違うのです。

この問題が一段落した後、子どもたちはおじいちゃんたちと一緒に、どうすればもっときれいですてきな場所になるかを改めて考え始める。おじいちゃんたちだって、解決はできていない。でも、自分たちよりはもっと深く考えていた。この人たちと一緒に考えることで、もっと深く考えられるのではないかというわけです。

諸富 その問題には、解決策はあるのですか。

奈須 ありません。結局その実践は、「何をやっても全面的な解決にはならない。でも、みんなでその道のことを思って、少しでもすてきな場所になるように、と**思い続け気にかけ続けるしかない**」で終結となりました。町をケアしようという気持ちをもち、実際にも行為すること。少なくとも卒業までやり続けること。

ここで問われるのは、「あなたたちは六年生で卒業した後、どうするの?」ということです。これは厳しいです。授業としては強制終了ですから。これに対し、子どもたちはこう言うのです。「卒業しても一人一人が一個人として気にかけ続けたいし、気にかけ続けられると思う。そして、気にかけ続けるのはこの道だけじゃない。自分が将来どこに住んでも、**その場所で起こっている問題を、志を同じくする人たちと一緒に考え、そこでそのときにできる最善のことをやり続けていくしかない**」と。

諸富 なるほど。「気にかけ続ける」ですか……。いい言葉ですね。

「ケアリング」の重要性が最近よく指摘されますが、「ケアする」という言葉には、相手を大切にする、いたわるといった意味と同時に、「気にかける」という意味もありますね。そう考えると、本来の意味での「ケアリング」とは、この世界とか地域で起きている**「何か」のことや、「誰か」のことを、たえず頭の中で「気にかけ続ける」**ことですね。この世界で起きているいろいろな出来事を「他人事」として済ませず、たえず「自分のこと」として「気にかけ続けること」。それが本来の「ケアリング」ですね。

奈須　そうです。気にかけ続けるのです。

諸富　その意味では、ケアリングとは、**自分が常に世界から問いを投げかけられている、ということを忘れない**ということですね。「何かおかしいな」と思ったことを気にかけ続ける姿勢。「世界はこのままではいけない」と気にかけ続ける姿勢。それがケアリングですね。

奈須　いつもアンテナを上げているということです。

ケアリング――「すべての人・物・事は自分とつながるからこそ、引き受けられる」

奈須正裕

◆新しい学力としての「ケアリング」

ノディングスの『ケアリング』（ネル・ノディングス『ケアリング：倫理と道徳の教育――女性の観点から』立川義康ほか訳、晃洋書房、一九九七年）という本があります。ケアリングは日本的に言うと**「憐憫の情」**にあたるのではないかという人もいますが、**それこそが学力だ**と思います。

近代学校というのは、後に帝国主義的な覇権を争うことになる国民国家の成立や、大量生産大量消費を可能とした産業革命を契機に誕生した経緯があって、どうしても進歩や拡大といった観念を基底に据え、競争に競り勝つことやそれに必要な力の増大をめざすなど、男性的な原理を基調として動いてきました。セーラー服というのはその名のとおり海軍の軍服ですが、それを女の子に着せようという発想など、よくよく考えれば恐るべきものではないでしょうか。それに対してケアというのは世話をする、面倒を見るということですから、いかにも女性的です。そこには進歩や拡大や競争といった発想は稀薄で、安定と継続、循環と最小限の消費、平和と協調といった観念が支配的です。そういった動きの中から、これまでとは異なる学力論を紡ぎ出せるのではないかと考えています。

例えば枯れかけている朝顔の面倒をみて立派に花を咲かせる力。思えばこれはすごい学力ですが、従来は正当に評価されてこなかった。自分の鉢植えは枯らせてしまっても、テストで二葉と本葉、おしべとめしべの違いをしっかり記号で正解できさえすれば通知表の成績はよかった。そういった感覚を問い直したいのです。

もちろん、**自分を大切にできるというのもケアリング**です。受験勉強で身体も心もボロボロなどというのは、やっぱりどこか間違っている。まずは、**かけがえのない私を適切にケアできる力を学力の基本に据えるべき**なのではないかと思います。

「世界にあるすべてのものは私と関係している」という感覚は、ケアリング的に学力を考えていく際の基本になるものです。世界中にあるすべての人・物・事は私と関係しているし、もちろん私は私と関係しているし、そのすべてに憐憫の情が自然とわき上がってくる。そんな子どもに育てたいのです。

◆すでに訪れている幸せに気づく

そして、百年先には誰も生きていないし、それどころか一瞬先のことだって保障はないという真理を悟る。これこそ、進歩や発展を旨としてきた近代社会、近代学校が隠蔽してきたものです。人の死は、いまこのときも進歩し続けている医学の、現状における敗北宣言にすりかえられてしまった。医者の仕事は病気や怪我を治すことだと思い込んでいますが、最大の仕事は死亡診断書を書くことかもしれません。それによって、もっと医学が進歩すれば治癒するはずなのだけど、いまはまだそこまではたどり着けていないから、という論理で遺族を納得させてきた。もちろん、永遠に医学が進歩していけば人は死なないのかというと、さすがにそんなことはないでしょう。でも、そのくらい科学や技術の進歩の観念にすがって生きてきたのが近現代の社会だし、学校もこの観念を基底に据えて教育をほどこしてきました。

この基底を変えてはどうか。人はいつか死ぬし、それどころか一瞬先のこともわからない。諸行無常ですね。でもだからこそ、いまこうして一緒にいられることが何よりの幸いである。まさに一期一会ですが、この「すでに訪れ、私を包み込んでくれている幸せ」に気づいて、自分を、他者を、そして世界中にいまこのときにあふれているすべてのものやことと関係を取り結び、気にかけようとする子ども、そしてそのために必要なことを学び、思考し、行為する子ども。そういう目線で子どもを育てる学校。ある意味、日本的ないしは東洋的な発想です。私は**憐憫の情、もののあわれ、一期一会、わびさびといった着想を教育の原理にできないか**、とまじめに考えているのです。

◆進歩や発展がなくても、瞬間の感動で生きていくことが確かな幸せ

最近よく話題になる子どもの社会参画やシチズンシップなどは、究極的には、いま偶然居合わせている者同士が、居合わせている時間を大切にしていこうという話なのではないか。それによって私も

幸せになるし、相手も幸せになる。それこそが確かな幸せであり、確かな感動なのです。残念なことに、そういったものは実に儚《はかな》い運命にあって、なかなか持続しないことも多いのですが、だからといって無価値なわけではない。**ある瞬間、魂がうち震えるような出来事がたった一回でもあったという記憶を頼りに、人はその先の長い時間を生きていける**のです。

住民参加の町づくりをやっていっても、なかなかうまくいかない。あるとき、地域のみんながとてもすてきだと心の底から思えるイベントが実現できても、諸般の事情で次回が訪れないことも多い。「続かなかったから結局は失敗だった」と言う人がいますが、進歩、発展、拡大といった近代的価値観にとらわれているからそういう評価になる。そうではなくて、**「あれは本当によかったよね」という感慨、そこに自分がかかわれたという事実を誇りにして、人は十分幸せに生きていけるのです。**

◆ケアリングは互恵的な関係

「あなたは一人で生きているわけではないんだよ。いろいろな人に助けられて生きている。だから感謝しなさい」と子どもに諭す人がいますが、一面の真実であると同時に、ある意味ではとても失礼な話でもあると思います。子どもは一方的にケアされているわけではない。とても互恵的な関係のなかで生きているのです。子どもぐらい、強く深く他者を気にかける存在はありません。戦後、社会科の創設にかかわった重松鷹泰先生(※1)からうかがったのですが、七十歳をとうに過ぎた重松先生が中央線の電車に乗っていると、少し離れた席からさかんにこちらを見てはニコッとほほえみかけてくる子どもがよくいると言うのです。あるいはもっと直接的に、「おじいさんはどこまで行くの」などと話しかけてくる小学生もいるのだと。そのとき初めて出会ったお年寄りのことが、つい気になってそういったことをする。幼いからできるとも言えますが、一期一会の大切さ、そこにおいてお互いの魂というか命をふれあわせることの意義や素晴らしさを身体で知っているからそうするのだとも言える。幼い子どもには、赤の他人などというものは存在しないのかもしれません。そして、それはとてもステキなことなのではないかと思うのです。

それ以前に、私たち大人は、子どもと接するだけで幸せな気持ちにさせてもらったり、元気になったりします。四月、桜の舞い散るなかを小学校へと向かう一年生を何とも愛らしいと同時に頼もしいと大人たちが感じるのは、将来、この子たちが自分たちの志を受け継ぎ、この社会の担い手として立派にやっていってくれるだろうと期待するからなのでしょう。先に山村再生を巡ってお話したとおり、子どもたちの存在は、私たちのいま現在の存在証明でもあるのです。このように、子どもたちに私たち大人は十分にケアされている。彼らが存在するだけで大きなケアになっているし、重松先生が言われるように、さらに積極的にこちらを気にかけてくれていることもしばしばある。

だから私たちは、自分の子どもではなくても、子どもたちはみなかわいいと思うのです。その意味で、最近「自分の子どもだけがかわいい」という大人が増えているのはとても危険です。子どもはみんなそれぞれにかわいい。そういう見方ができる大人や社会にならなければいけないし、そこで学校が果たせる役割もあるでしょう。授業参観のあり方など、もっと工夫ができるように思います。

赤ちゃんはさらにそうで、子どもは三歳までに産んでくれた恩をすべて返すと言われます。その先、子どもは親や社会に散々迷惑をかけ、すねをかじるわけですが、三歳までにそれを超えるスケールのケアを親や社会は受け取っていると考えれば、腹も立たないのではないかと思います。

2 「私的な私」が本気で引き受ける

●「社会的な私が引き受ける」だけではなく、「私的な私が本気で引き受ける」

諸富　自分の周りで起きていることは、すべて自分にかかわりのあることとして「引き受ける」——こうした生きる姿勢を育てることが本当に大切だと私は思います。

奈須　「引き受ける」といってもその質が問題で、自分をごまかして引き受けるというのもあります。例えば環境問題などで、自分自身の正直な感覚はこうなのだけれど、社会的な規範というか、よい子ちゃん的にはそれではいけないのだろうな、ということを知識として知っている場合があります。このとき、規範に沿った振る舞いをそのときかぎりのものとして演じるというか、そういう自分をごまかすような学びが総合では残念ながら生じがちです。

お年寄りに優しくとか、外国人に偏見をもたないようにというのは、意識水準ではそれが正しいとだれしも考えるのですが、いざその場に居合わせると身体がそのように反応しないことがある。そういった**自分の内面にどの深さまでアクセスできるか、さらにそれを仲間にしっかり言明できるか、というのは「引き受ける」ということを考えるうえで重要**です。このとき、「そういう自分はよくないんだ。だから、なかったことにしよう」というのは、絶対にまずい。自分をごまかしているわけですから。典型的には、そういうとき子どもは、「〇〇するほうがいいと思います」という物言いをします。自分を離れた第三者的で客観的な位置、それは自分が傷つかない安全な位置ですが、そこに自分の視点をおいて事態を眺めているときに出てくる物言いです。自分を離れた視点から見ているので、間違っても「私はこうしたい」とは言わない。「〇〇するほうがいいと思います」という主語のない、のっぺらぼうな表現になるわけです。

そうやってごまかすのではなくて、規範に反してしまう部分も含めて自分の内面を明晰に自覚でき、言明できることにより、実は友達もいくらかは同じような気持ちを抱えていることがわかったりする。すると、それは自分もその一員である学習集団において、協同的に考え抜くべき本質的な問いとして新たに立ち上がってくる。つまり、それはごまかしたり隠蔽したくなるような恥ずかしいことであるどころか、自分たちがより納得のいく自分へと自己を更新していける端緒になってくるわけです。

「答えがない」という話題に少しもどりますが、それは、参考にすべき規範すらないという意味ではありません。「わかっているけど、私の体はそう動かない」「どこかで私の心がそれを拒否している」といったことはあります。「いいことだってわかっているんだけど、何か面倒くさい」というのは日常茶飯でしょう。でも、それをごまかして、隠蔽して、なかったことにして、その場だけ規範にすり替えてやり過ごすのは、こういう学習の中でまま起こりがちですが、それではまったく弱いのです。

そこには、役割演技をしている仮面的な「社会的な私」と、ずっと奥深いところに潜んでいる「私的な私」があります。**引き受けるというのは、社会的な私が渋々引き受けるのではなくて、私的な私までもが本気で引き受けるということ**であって、はじめて意味がある。だから、**できるだけ自分の内側に深く入り込んで、社会規範としては望ましくないことも含めてすべてさらけだして明晰に自覚し、さらにそれを仲間と共有できる言語でしっかりと言明**

して、**仲間とつながっていく**ことが望まれます。

諸富　自分だけにしかわからないような、ドロドロした気持ちも、すべてさらけ出しながら、言葉で表現し、仲間と共有していくことが大切なんですね。

事例（国語）：教科だからこそかえって深い深度まで潜り込める

奈須　プライベートなドロドロな自分を共有可能な言語のレベルに乗せる……という授業づくりに取り組んでいる学校があるのです。

富山市立堀川小学校では、ごく普通の教科の学習のなかでさえ、「頭ではわかるけど、やっぱり私はここが引っかかるんだよね」ということを子どもたちが遠慮なく発言する。内面の本当にドロドロしたものを仲間の前にさらけ出すのです。実はこういったことは、総合や道徳ではない、伝統的な教科だからかえってできるという面がある。

例えば、『よだかの星』を読んでいるときに、ある子どもが「僕はよだかが許せない」と言いだす。「よくない」ではなくて「許せない」。「よだかは逃げている。僕は前の学校でいじめられていた。でも僕は逃げなかった。だから、よだかも逃げないでほしい」と訴える。こういった動きは、教科の学習だからこそかえって可能になる部分があります。というのは、この子は思いっきり自分のことを話しているし、教師も友達ももちろん気づいているのですが、あくまでも形式上は国語科の授業、宮沢賢治の「よだかの星」の読解が主題の授業ですから、ある線を超えて話題がこの子自身のことに及ぶことはない。そういう社会的ルールが暗黙裏に存在しているわけです。ある瞬間はこの子のリアルな体験や生々しい感情が授業の柱になるのですが、いつでも「よだかの星」の世界、お話という架空の世界に戻ることができる。自分をいくらさらけ出しても、ある程度以上は攻め込まれない。教科の学習であるという社会的で形式的なルールによって守られているわけです。この子が自分の内面になぞらえたことを切々と語っているときですら、みんなの学びの視線はあくまでも「よだかの星」に向かっていて、その子に集中することはない。これが、かえって子どもを楽にし、本音を語らせる状況を生み出すのです。

と同時に、仲間も教師も、もちろんこの子自身も、「よだかの星」になぞらえながら、やはりこの子の体験やそこでの感情に心を寄せている。仲間も教師も、この子の痛みを引き受け、この子の決意に感動し、この子の今後を見守り、支えていこうと、国語の授業中なのだけれど、同時に感じ、考えている。まさにとても深い深度でお互いを引き受け、そこに立ち上がってくる問いを引き受けようとしている姿だと思います。

そういったことが教科だからこそ、ある種のリスクを巧妙に回避しながら実現できる、かえって深い深度まで潜り込めるというのは、逆説的ですがとても面白い。それこそ教科観が変わる。なぜなら、総合や道徳で同じことをしようとすると、かえってむずかしいのではないかと思います。

●問いは「むこうから」発せられてくる――「レスポンシブル・セルフ」

諸富　「子どもたちが深く問いを引き受けている姿」の逆に「問いを引き受けない姿」がある。世界には常にさまざまな問題があります。それは以前からあるし、いまもある。この世界やこの人生から、問題がなくなることはありえません。重要なことは、その世界の問題を、「他人事」として自分から切り離して考えるか、「わがこととして引き受ける」か、の違いです。現代人の多くは、個人主義や新自由主義の影響を強く受けています。そこでは、「私」が常に中心におかれます。

私は、フランクル(※2)がこう言っていたのを思い出します。

人間は、私が幸福になりたいと幸福を求めているかぎり、いつまでも幸福にはなりえない。幸福は求めれば求めるほど遠のいていく、と。

では、本当の幸せはどうしたら手に入るのかというと、人生観を変えるしかないのです。幸福を求めるのをやめて、我を忘れ、ひたすら、自分のするべきこと（使命）に無我夢中で取り組んでいるうちに、幸福はおのずとやってくるのだと、フランクルは言います。

本書のテーマである「答えなき問い」を「引き受ける」という姿勢は、このフランクルの考えに深いところで通じています。「人間は問いかけられている存在である」という考えです。「私たち人間が人生に対して問いを投げかける前に、人生や世界が私たちにすでに問いを発してきている」とフランクルは言うのです。

だから、**人間がすべきことは問うことではない。人生からの問い、世界からの問いを自分自身のこととして引き受けて、その問いに行為で応えていくことであると。**

フランクルがここで言っていることは、奈須先生が「のっぴきならない問いを、わがこととして引き受ける」というときに、生きてくる考えだと思います。

「私が問う」のではない。それに先だって、「世界が私に問いかけてきている。人生が私に問いかけてきている」。フランクルはそう言うのです。

そして人間がすべきことは、この「世界からの問い」「人生からの問い」をわがこととして引き受け、それに応えていくことである、と言うのです。つまりフランクル流に言えば、人間のなすべきことは、人生の問い、世界からの問いに「応答すること」なのです。
人間はたえずこの世界から、地域から、人生から問いかけられ、呼びかけられている存在であると、私も思います。その意味で「自己」とは本来、「応答する自己」なのです。まず問いは向こうから——世界から、地域から、隣の子から——発せられてきて、その問いを引き受ける。**セルフ（自己）とは、本来、「レスポンシブル・セルフ」（responsible self）＝「応答する自己」である、**というのが、私の考えです。

奈須　なるほど。**まずは、問われている声に気づいて、それを引き受けることが大事だ**と。その先で、では私はその問いにどう「応答するか」、私が先にお話しした「応え」を得るための具体的な問いがその人ならではの個性的なものとして立ち上がってくるのでしょうし、それを知恵の限りをつくして問い続けていくことが学ぶことであり、そのまま生きることなのでしょうから、その段階では「私が問う」ということはありうるのだけど、それ以前のそもそも大きな問いというのでしょうか、それは真空の中で自由自在に私が生み出せるようなものではない。すでに人生や世界が問いかけてくれているので、まずはそれに耳を傾けることが大事だし、それが結果的に私の幸せにつながるということです。

「問い続ける」とは

1 問題解決し、新たな課題に気づき、考え続ける

●問題解決し、新たな問題に気づき、考え続ける――総合の実践

奈須　ここまでの議論をまとめると、総合は、世界中の人・物・事は自分と関係があると考え、すすんでより深く本質的な関係を取り結ぼうとするなかで、結果的に人生や世界からの問いかけ、呼びかけに気づき、それらをわがこととして引き受け、自分自身、さらには共に生きる他者との協同の中で、より納得のいく応答のあり方を求めて問いを発し、どこまでも考え抜こう、一生涯考え続けようとする子どもを育てようとしているのだと思います。総合には、そういったある種の重さが伴う。学習指導要領でも「自己の生き方を考えることができる」と目標に掲げているくらいですから、重くなるのは当然ではあるのですが。

でもその一方で、そうした学びを具体的な授業やカリキュラムとして生み出す際の方法論、

総合の教育方法は実に軽快で明るい。基本的には、子どもたちの「楽しみ事」を出発点としますから。総合では、子どもたちがやってみたいことに存分に取り組むのが定石の一つです。

例えば、「自分たちで作ったお米や野菜を使っておいしい料理を食べたい」といったことから始めてもいい。そんな楽しみ事でも実際にやっていくと、土づくりや肥料はどうすればいいか、農薬はどうするか、といったさまざまな問題が自ずと立ち上がってきます。それを引き受けて、自分たちで問題解決していくのです。例えば、土づくりのことを農家に聞きに行って、畑の土に石灰を混ぜたほうがいいと教えてもらうのだけど、最後におばあちゃんが「昔は石灰なんかまかなくてもよかったんだけどね」とぼそっと言った。それが気になった子どもが「なぜだろう」と思って調べてみると、土壌の酸性化の問題に行き着く。そこから環境問題の学習に展開したりするわけです。私はこれを「子どもも歩けば問題にあたる」と言うのですが、大事なことは子どもが自分の足で歩くことです。だからこそ、まずは彼らの楽しみ事から始めるのがいい。楽しみ事であれば、歩くのも苦にならないですから。

ちなみに、この子たちは別に酸性雨のことを勉強しようと思ったわけではありません。でも野菜を育てるのには良い土がいる。この身近で切実な問題を解決しようとするなかで、酸性雨の問題に出合ってしまった。ここで子どもという存在がステキだと思うのは、それを真っ正面から身体全体で引き受ける。間違っても「酸性雨のことなんて調べなくても、要は石灰をまけばいい土ができて、おいしい野菜が採れるんでしょう」とは言わない。大人はそう考えるかもしれないし、そのほうが野菜作りという当初の問題を効率よく解決するには得策だけれど、子どもは必ず引っかかる。世界からの問いかけに気づいて、立ち止まり、引き受けるのです。「私の問い」であった野菜作りをいったん脇に置いてでも、目の前に現れた問いを引き受け、それに応答しようとする。

そう考えると、大人になるということは、あらかじめ立てた「私の問い」にとって有用かどうかという打算的な、よく言えば合理的な基準ですべてを判断するようになることかもしれません。上手にスルーするのが大人ですから。それをこそ成長と呼び、だから従来の学校でも「そんな余計なことは考えなくていいから」と指導してきた。もっとも、大人でも創造的な仕事やパイオニアになる人は、偶然の出会いを面白がってどんどん脇道に入り込んでいったり、当面の実利につながらない余計なことにしつこくこだわる面をもっています。

そして、総合では従来、余計だったことをどんどん引き受けていく。理由ははっきりしていて、それがよく生きるということだから。そうすることで徐々に「自己の生き方を考えることができる」ようになっていくからです。さきほどから「教科でも同様に」という話をしてきましたが、このあたりはさすがに鋭角的に切り込んでいる点によさがある教科とは、その性格が少なからず異なるかもしれません。

「世界を引き受ける」とは、自分の行為の裏側で何が起こっているのか知ること

奈須　話を事例に戻しましょう。農薬を使うかどうかも大きな問題になります。農薬については賛成、反対、いろいろな意見があって、子どもたちもなかなか決着が着けられない。でも、いつまでも決めないわけにはいきません。使うのなら使うべき時期があるし、使わないのならそれ相応の対応をしないといけない。先の鶏肉の事例と同じで、待ったなしの判断を迫られるのが生活というものですから。子どもたちは散々悩んだけど、結局は農薬をまくことにした。まくのはお願いして大人にやってもらうのですが、当然、子どもたちは翌朝登校すると、いちばんに田んぼの様子を見にいきます。すると、虫がいっぱい死んでいる。その様子を目の当たりにして、子どもたちは呆然と立ちつくします。泣き出す子もいる。「自分たちがまくと決めたから、この虫たちは死んだんだ。もしまかないと決めていたら、死ななくて済んだのに」と泣くのです。教室に引き上げてきた子どもの一人が担任教師のところにやってきて、「先生、ご飯を食べるときに『いただきます』と言うのはね、あの虫たちの命

もいただいているということなんだよ」と語る。

農村では、ごく当たり前のこととして農薬を使っています。その様子を子どもたちも見たことはあるし、農家であれば自分の父親もやっているのです。でも、その結果として虫が死んでいるのは見ていない。

諸富　なるほど。農薬をまいた後に虫の死骸を見るのは、農家の子でも、初めてなのですね。

奈須　そうです。自分たちが判断して手を下したことの結果と正対し、それを直視することは大事です。先に町探検のところでもお話ししましたが、そこにいくら人や物や事が存在していても、何らかの視点をもたないかぎり見過ごしてしまいます。他人を出し抜いて勝ち組になるというのが典型的なのですが、自分が出し抜いて大儲けをしたとき、その裏側で泣いている人、路頭に迷っている人のことは見ないでしょう。仮に見えても見ないふりをする。「損するやつはバカだ」というわけですよね。それがマネーゲームだ、資本主義経済社会なんだと言われればそれまでですが、今後もずっとそういった経済のあり方でいくのか。「持続可能な社会」を考えるというのは、そのくらい根底的な地点から自分たちの生き方を問い直すことだと思いますし、その判断が切実に迫られるのは私たちの世代以上に未来の大人である子どもたちでしょう。だから、彼らがしっかりと考えられるようにするためにも、いまこのときに世界で生じている出来事のすべてを見渡し熟慮できるような資質や能力、態度を育てる必要がある。その意味で、まずは**自分の行為の裏側で何が起こっているかを見るという経験は大事です。そういう経験の基盤があってはじめて、世界を引き受ける段階に進むことができると思う**のです。

そして、子どもたちによる身近で切実な問題の自力解決という教育方法、いわゆる問題解決学習、今回の学習指導要領でいう「探究」ですが、その特質の一つが、この自分の行為がもたらしたものをしっかりと直視する、そしてそれはすべて自分の行為の結果なのだから、当然のこととして引き受けるということです。問題解決学習という教育方法は、こういった経験の積み上げを通して、ついにはそういう生き方がごく自然にできる子どもに育て上げていくわけです。

さらに、こうやって自分たちが**意思決定し、問題解決したあとには、必ず新たな問題が立ち上がってくる。そのとき最も大切なのは、考えるのをやめない、問い続けるのをやめない**ことです。問題解決を繰り返し、考え続けること。しかも、ただ観念的に考えるのではなく、実践しながら考えるというのが非常に重要です。

2　「納得のいく私」をつくろうとするプロセス

●引き受けることは外界に開いたうえでのレスポンシビリティ――閉ざさない

諸富　奈須先生からお聞きした実践を聞いていると、これからの教育で重要になってくるのは、世界から突然発せられてくる「想定外」の問いに対して、開かれた姿勢を子どもたちのなかに育んでいくことですね。概念で言うと、世界から発せられてくる多様な問いに開かれた構え――**「応答性」「呼応性」「レスポンシビリティ」**ということが、これからの教育の最重要概念になってくると思います。

世界で起きているどんなことにも目をつむらない。「自分と無関係なこと」としてシャットアウトしない。世界中のどんな問題に対しても開かれていること。こういう姿勢を育てていくことが、教育の根幹だと思います。世界中で起きているさまざまなことに自分を開いて、自分とかかわることとして、引き受けていく。そして、お互いに支え合っていく。

奈須　開かないと支えられない。相互に閉じた状態での支え合いは不可能です。関係をつくっていくなかで支え合う。そして関係をつくるということは、もたれ合うことではない。

より納得のいく私をいまよりも先の時間にほんの少しでもつくろうとする

奈須　先に「応え」という言い方もしましたが、諸富先生が言われるとおり、大切なのはレスポンシビリティ、「私はいまこの瞬間、こう生きようと覚悟した」ということです。

さきほどお話した隣の子の分の鶏肉まで食べた子どもが典型ですが、あの子はその瞬間、覚悟を決めて鶏肉を食べたのだろうと。もっとも、覚悟といってもすっかり自覚的というわけではないでしょう。食べようと思って、それから食べたというよりも、「体が食べた」のです。そして、食べた私を見ながら「ああ、私は食べたんだ」と。

でも、彼女はそれで百パーセント納得しているかというと、多分そうではない。今日はぱくっと気丈に食べた。その瞬間は晴れ晴れとした気分で、スッキリしているかもしれません。でも、家に帰る道々、「あれで本当によかったんだろうか」という疑問がわいてくる。今日の食べた私の身体を何度も追体験しながら、「なぜ私はそうしたんだろう。あれでよかったんだろうか」と考えます。最初はそうやって自分の内側にあるものであれこれ考えを巡らすわけですが、ついには手詰まりになってしまう。このときどうすればいいかというと、さらに考える材料を外側からもち込む、つまり学ぶしかない。一人で本を読んで学んでもいいし、仲間と一緒に議論して新たな見解をそこで協同的に生み出してもいいでしょう。いずれにせよ、そうやって学び取った新たな材料がつけ加わった新たな私として改めて考え抜く。そして、いつかまた判断を迫られる場面が訪れ、待ったなしで行為する。そして再び、行為した私を内省して問い、学び、また行為する。これを、それこそ一生涯繰り返すのです。

諸富　よくわかります。

奈須　こんな話をすると、重苦しい感じをもつ人がいるのですが、一生を通じて、「いまこの瞬間よりも、より納得のいく私になろうとする。**より納得のいく私をいまよりも先の時間にほんの少しでもつくろうとする**」という営みなわけですから、とても希望のある、前向きなあり方なのです。それが学ぶということだし、生きるということなのだと思います。

諸富　「より納得のいく私を、いまよりも先の時間に、ほんの少しでもつくろうとする」――いい言葉ですね。

●問い続ける作業のプロセス

奈須　「少しでもより納得のいく私を先の時間につくろうとする」ためにはどうすればいいか。まずもって、引き受けた問いをわがこととし、自分に向かって問わなければいけません。逃げてはいけないのです。そして、引き受けた問いに対する目下の応答を、自分自身の内面の深いところまでアクセスして見いだす。さらにそれを外側に引きずり出して仲間と共有可能な形で言明し、仲間と共に考え抜いていく。このとき、必ずしも仲間と意見が一致しないこともあるでしょう。でもそれによって「それでも私はこう生きよう」と私の「応え」が決まる。そして、その「応え」の命じるままに行為し、その私の行為を見ながらまた悩む。それを一生続ける。「答えなき問いを引き受け、問い続ける」。私は子どもたちを、このある面とても辛くしんどい、しかし常に未来に希望のもてる生き方を、力強く貫き通せる人間に育てたいのです。

3　あきらめないで踏みとどまる

●「もういいんだ、これで」という納得感

諸富　そうした生き方を貫いていくと、「こんなふうにこの状況に応えていけばいいんだな」という**納得感が得られる**瞬間があるでしょうね。

奈須　そこに一瞬だけれども心の平和があるのです。「もういいんだ、これで」という。極端に言えば、「もうこれで死んでもいい」みたいな瞬間が一瞬来るのです。次の瞬間にはま

た不安になるかもしれないのだけれど、その一瞬は身体全体が大いなる安息感に満たされるというのでしょうか。

諸富　「もう、これで死んでもいい」と思える瞬間ですね。

世界から問われている、世界によってかまわれている

諸富　人生には、限りがあります。私は先日、『悲しみを忘れないで』（WAVE出版）と、『「とりあえず、五年」の生き方』（実務教育出版）という本を出しました。

そこで、お伝えしたかった基本メッセージは、「死は、突然やってくる」「いつか、そのうち……と思っていることは、先延ばしするのはやめて、いますぐ、しなさい」ということです。先の大震災で私たちの多くが実感したように、人生には、いつ、何が起きるかわからない。私たち人間にできることは、ただ、「いま、この瞬間、瞬間を、心を込めて生きること」。――ただ、それだけなのです。

私は「気づきと学びの心理学研究会　アウエアネス（http://morotomi.net/）という会を主催しています。そこで、自分の人生をしっかり見つめて、もう一度生き直すことを目的としたワークショップを行っています。

自分の人生はいつまでも続くと勘違いして、「本当にしたいこと」を最後までやり残したまま死んでいく人が何と多いことか……。

この世界に生まれてきた以上、「すべての人間には何かミッション（使命）が与えられている」と私は思っています。この感覚に目覚めて生きていくこと（アウェアネス）が、人生の鍵を握っている、と私は思っています。

魂には、この世界に降りてくるときに、自分固有のミッション（使命）が刻印されている。自分に与えられたミッションは何なのか。自分は、世界から何を問いかけられているのか。そういった感覚を呼び起こすような本を書いていきたいと私は思っています。

奈須 「世界から問われている」とは、ある意味ではとてもキリスト教的だとさっきから考えていて。私も上智大学にご縁をいただいてからそう思うようになったのですけど、特定の宗教や宗派ということは別にしても、ある種の絶対者というか超越的な存在を考えることで、自分が孤立した存在としてここにいるのではなく、常に問いかけられている、それは気にかけられている、かまわれている、さっきのケアリングということでもあるのでしょうけれど、そういう存在なのだと思える。この感覚が身体を満たすと、何か心強くなりますよね。

諸富 フランクルはこう言います。「**あなたが人生にどんなに期待をしなくなっても、人生**

があなたに期待しなくなることはないのだ」と。その感覚に近いですよね。

奈須　たぶんそのあたりの真実性というか、大切なところにふれているから、人間は宗教を必要としてきたのかもしれません。

「あきらめない」子ども、「関係を断ち切らない」子どもを育てる

奈須正裕

◆両刃の剣としての「憐憫の情」

世界中の人・物・事は私と関係しているという感覚を基盤に、それらに生じるすべての動きを常にわがこととして気にかける子どもにしたいというお話をしました。日本的に言えば「憐憫の情」ですが、そういう気持ちが備わると、困っている人を放ってはおけない、いいことがあったら一緒に喜びたいといった動きが生じて、他者との間であたたかい感情の交流が豊かに展開していくでしょう。

しかしそのいっぽうで、憐憫の情をみんながもって動きだすと、自分はよかれと思って、結果的にいらぬお節介をしてしまう危険性も出てくる。つまり、憐憫の情も行きすぎればありがた迷惑、さら

に進めばプライバシーの侵害にもなりかねない。憐憫の情は「両刃の剣」です。

実際、濃密な人間関係が支配していたかつての地域社会では、プライバシーは日常的に侵害され、個性は大幅に制限されていました。西洋史の阿部謹也先生は、それを「世間」という因習的な相互監視の社会装置に起因するとして主題化しましたが、そういったマクロな水準と同時にミクロな水準、個々人の心持ちの問題としては、憐憫の情の行きすぎとして記述できるのではないかと思います。

いつまでも結婚しない近所の娘さんに、頼まれもしないのに見合い話をもち込むのは、「このくらいの年ごろになったら嫁に行くのが『世間』の常だから」ということもあるでしょうが、それに加えて「あんないい娘さんが幸せになれないでいるのを、とても放っておけない」「ぜひとも幸せになってほしい」という憐憫の情のなせる業でもあるのではないかと思います。

いずれにしても、これはもう「しがらみ」ですから、私が私らしく生きるのを抑圧する。戦後、そういったしがらみを断ち切りたい、それによって本当の自分が発見でき、自立した個人が確立できるという考え方が力をもったし、戦後の学校教育の基調にもそれはあったと思います。

ところが、今度はそれが行きすぎてしまったのでしょう。コミュニティが崩壊し、人間関係が希薄になって、孤独感や寂寥感に苛まれる人が増えてきました。かくしてコミュニティの再生、親密な人間関係の復活という動きが出てきたわけです。

しかし、それはかつての村落共同体をそのまま再生することではないはずです。それでは、またぞろしがらみでがんじがらめになってしまいますから。自立した個性的な個人相互における、あくまでも個々人の自由意思に基づく協同という新たな原理で進める必要があります。決してしがらまない、でも憐憫の情は深い。そんなコミュニティ、人間関係の創造をめざしたいと思います。

◆「憐憫の情」と、その志に応える「かたじけなしの心」

しかしそれでもなお、憐憫の情の行きすぎはときとして起こるでしょう。そのとき、「余計なお節介だ。自分のことは放っておいてくれ」と憐憫の情を拒絶してしまうと、「そんなに言うのなら、もうあなたのことは一切気にかけない」となってしまい、せっかくお互いに苦労して積み上げてきた人間関係も、一瞬にして無に帰してしまいかねません。

ここで大事なのが、「かたじけなしの心」ではないかと思います。これもまた日本的なものですが、私はこれを憐憫の情とセットにすることを提案したい。

相手は心底自分のことを気にかけてくれてのことであっても、こちらにしてみればいらぬお節介、ありがた迷惑ということはあるものです。そのとき、いきなり突っぱねたり、腹を立てたり、プライバシーの侵害だと抗議するのではなく、まずは一呼吸おく。そして、「それはいま私が望んでいるものとは違うし、かえって私は困ってしまうんだけれど、でも私のことを一生懸命に気にかけてくれているからこそなんだから、それ自体はとってもかたじけないことだなあ」と考えるのです。そうして自分の心に余裕を生み出し、ありがた迷惑のうち、「ありがた」部分の「かたじけなさ」をもって「迷惑」部分を相殺するというか、生み出した心の余裕の内に穏便に沈め込んでしまうことができるのです。

しかし、それで終わりにしてしまうと、相手は自分の憐憫の情の発揮の中に「迷惑」要素があったという重大な事実に気づけません。すでに「迷惑」を心の内に上手に沈めてしまえた私はそれでもいいかもしれませんが、相手はまたぞろ同じようなことを誰かに対して繰り返してしまうでしょう。その向かう先が私である場合はもちろん、私以外の人であるとしても、再び誰かが辛い思いをします。さらに、せっかく私に対して憐憫の情を発揮してくれた相手が過ちを繰り返すのを、むざむざ見過ごしたことになる。これは、相手に対して申し訳ないことです。かたじけなしの心は、当然のこととして相手に対する返礼を生み出してしかるべきで、その具体的な筋道が、「迷惑」部分の存在を、相手の気持ちをできるだけ傷つけない、萎えさせないようにお伝えすることなのです。

例えば、「私のことを気にかけてくれてありがとう。でも、私はいまこうしようと思っているのね。なので、せっかくなんだけど、それはちょっと違う方向になってしまうような気がする」と言わせてもらう。それによって相手は、まずもって「自分がよかれと思ってやっていることの中に、思わず知らず相手に迷惑になることがあるんだ」ということに気づけるし、さらに「それは例えばこんな場合なんだ」という事例を得ることもできる。加えて、「ああ、この人はそういう生き方をしているんだ」

と、ほかならぬ私についてより深く理解してもらえる。それによって、いっそうわかりあえる親密な人間関係が構築できるし、次に憐憫の情を発揮してくれるときには、きっと私が求めている助けや慰めを施してくれるに違いありません。

憐憫の情を仲立ちとして人間関係が深まっていくというのはまさにこういうことでしょうし、その動きを円滑に進めるのに、かたじけなしの心は不可欠なものと言えるのではないでしょうか。こういった振る舞いのやりとり、そこで生じる多様な経験を積み上げていくことを通して、より慎重に、より思慮深く憐憫の情を具体的な対人行為として発動できるようになるのではないかと思います。このあたりが、昔の「お節介おばさん」とは違うわけですね。常に共感的で内省的に、しかし積極的にどんどんお節介を焼いていく、これからの町づくりや人間関係に大切な資質ではないかと思います。

◆憐憫の情とかたじけなしを教育の中核に――実践例（総合）：独居老人とのかかわり

「憐憫の情」と「かたじけなしの心」を教育の中核、学力の中核に据えたい、と私は思うのです。その具体について、総合の事例で考えてみましょう。

例えば、独居老人とのかかわりを課題にした学習の場合、子どもは独居老人のために何かしてあげたいと一生懸命考える。「おばあちゃんには家事仕事も大変だから、洗濯を手伝ってあげたい」などと言う。これは実際、ありがた迷惑な話です。ところが、おばあちゃんにはかたじけなしの心がありますから、子どもが「おばあちゃん、お洗濯してあげようか？」と聞くのですが、にこにこ笑いながら「いいから、いいから」と言うばかりです。すると、「何もさせてくれない」と子どもは怒るのです。そこで教師が「もし、あなたの家にいきなりよその家の人が来て、下着を洗濯してあげましょうと言ったらどう思う？」と聞くと、子どもは即座に「そんなの嫌だ」と答える。「だったら、おばあちゃんも嫌なんじゃないかな」。「そうか。それをおばあちゃんは嫌だと言わないで、『いいからここで遊んで、おやつを食べていきなさい』と言ってくれたんだ」と気づくのです。

この子はいろいろ考えた末に、学校帰りにおばあちゃんの家に必ず寄り、時間を限ってお話をすることにしました。おばあちゃんは「もっとゆっくりしていって」と言うけれど、それもかえっておばあちゃんのためにならない、と考えるまでになったのです。

長くいることで、私が帰ったあと、かえっておばあちゃんは寂しくなってしまう。私も小学校を卒業したら、そうそうは来られなくなる。だからある程度以上おばあちゃんの暮らしの中に、私の存在が大きくなってはいけない、ということに気がつく。必ず二十分と決めて、学校のある日は毎日欠かさずおばあちゃんの家に寄って、「今日こんなことがあったんだよ」とお話をする。そして、「じゃあ、また明日」と帰るのです。おばあちゃんは、その子が来るのを毎日楽しみに待っている。そのうちにおばあちゃんがおやつを準備するようになる。でも、いつもおやつを準備されることはその子にとって苦痛なのです。「おばあちゃん、いいから」と言っても、「いやいや、食べてくれると私がうれしいんだよ」とおばあちゃんも言う。でもそれを上手に断ることが大事なのです。

そうやって、お互いにいいかかわりを双方が工夫しながら築いていける。相手のことを思いやって、それをどういう言葉や行為として実践することが本当にお互いのためになるかを深く考え抜く。それによって子どもは変わるし、相手のおばあちゃんも変わる。それを聞いた子どものお母さんも変わっていく。情緒的に聞こえるかもしれませんが、実際にはとても知性的です。こういったことを私は学力と呼びたいのです。

※1　重松鷹泰（教育方法学、名古屋大学名誉教授。一九四七年、社会科の初めての学習指導要領づくりに携わる）

※2　フランクル（Viktor Emil Frankl　現代人の「実存的空虚」の問題に取り組んだオーストリアの精神科医、心理学者。『夜と霧』の著者として知られる。一九〇五〜一九九七年）

【第3章】答えなき時代に学校・教師ができること

奈須キーワード

「今日も子どもが私を乗り越えてくれるんじゃないか」、そんなことがあったらとても幸せだ。文化遺産と子どもが対決することで、新たに文化創造ができる子どもにするんだと自覚をもった先生たちは、教科の授業が変わる。

諸富キーワード

いい教師になるために、いちばん必要な条件は、一人の人間として、日々を「本気で生きること」。子どもが「世界からの問いかけ」に心を開いていくためには、まず、教師自身が世界に心を開いて日々を生きていかなくてはならない。

1 子どもの「窓」を開く——教師と学校の仕事と技術

●目を向けさせる「窓」をどう開くか

諸富　第三章では、「答えなき問いを引き受け、問い続ける」力の育成を授業の中でどのように実現していくのかについて話をしていきたいと思います。「世界からのさまざまな問い」を引き受けて、その問いに応える「レスポンシビリティ」「応答性」「呼応性」の感覚をどう育てていくかが、これからの教育の最重要課題の一つになると私は思います。

奈須　でも、人は問われていることに気づいていない。アウエアネス（awareness　気づき。人が何らかの情報にアクセスできて、その情報を行動のコントロールに利用できる状態のこと）の水準を上げるということですよね。センシティビティ（sensitivity　感受性、敏感さ、鋭敏さ）の低さが問題でしょう。

諸富　そうですね。

奈須　さきほどから「すべてを引き受ける」という話をしてきましたが、それはあくまでも教育がめざす目標論としてのことで、実際の教育活動はもっと段階的に進めていかざるをえない。それが成功裏に一定程度積み上がったときに、すべてを引き受けようとする子ども、引き受けられる資質をもった子どもに育つわけです。いきなり「すべてを引き受けなさい」と言われても、子どもは混乱し、かえって世界や人生と正対するのを怖がるでしょう。まずは一つ一つの問いをしっかり受け止め、じっくり学び考えて応答していく経験をすること、そこに学校と教師の賢明な判断といざないがあるわけです。

加えて、総合に限らない学校教育の基本的問題として、教えたい、考えさせたいと大人や社会が願うことの量に比して、使える時間が少ないということがあります。そこに選択の問題がでてくる。さきほどからの話の文脈で言うと、いま子どもたちが人生や世界から問われていることは無数にあるし、どれもが子どもの自己形成にとって大切なことでしょう。でも、子どもの応答する能力もまだまだ未熟だし、時間も限られているので、学校教育としてはそれらを扱う順序や費やす時間の軽重をつけなければいけません。そうやって、**問いかけられているたくさんの問いの中から、どんな問いに目を向けさせるか、センシティビティを上げるよう導いていくか、いわば窓をどう開くか**を意図的、計画的、組織的に決定し、実行していくわけです。

諸富　私がカウンセリングをしている方の中にも、世の中で起きている悲惨な事件をニュースで見るたびに自分を責めてしまって、うつになって相談に来られる方がいます。

この世界のすべてを全面的に引き受けようとすると、自分がつぶれてしまいます。

たくさんの問いの中からどの問いに目を向けていくか、**「窓」をどう開いていくかという考えは非常に重要**だと思います。

●「窓」を開くための授業の原理——子どもの気づきのレベルに応じた働きかけ

諸富　世界や人生から発せられている、さまざまな問いの中から、何をどうやって子どもたちに授業として、「のっぴきならない問い」として提示していくのか。子どもたちの心の「窓」をどう開いていくか。そこがポイントだと思うのですが、何か奈須先生が大切にされている原理のようなものはありますか。

奈須　教師や学校の思いもありますが、まずは子どもたちの日々の生活の現状、そこで何にどう気づいているかを押さえる必要があります。現状で「まったくない」あるいは「とても稀薄な」あたりはどうしてもむずかしいです。国際理解などが典型で、横浜や神戸のように歴史的にそういったことに触れる機会が多い地域、浜松のように近年急速に外国人が増えた地域では取り組みやすい。ところが、山間部の地域だと、少なくとも小学生にはなかなか実感がわいてこない。それでも、ふだん着ている服は韓国製、教室のビデオデッキはマレーシア製なわけで、実は十分潜在的には問いかけられているのです。なので、教師はそこから授業を組むのですが、なかなか子どもがのってこない現実はあります。

また、子どもたちの生活の現状に加えて、発達段階という言い方が適切かどうかわかりませんが、「人生の季節」みたいなものがある。キャリア教育が典型ですが、早いと切実感がないし、遅いと間に合わない。働くことや職業を巡る問題に何年生ぐらいで出合うのが最適か、ということは考えるべきでしょう。

子どもの生活の現状と人生の季節に左右される気づきのレベルとしては、まず、「子どもたちが、はっきりと気づいているレベル」があります。これは、子どもの側から「やってみたい」「知りたい」と声が上がる場合です。それから、「教師がちょっと後押しすれば、無理なく気づけるレベル」がある。横浜や浜松の子どもの国際理解への気づきはこのあたりでしょう。その先に、「無理してがんばれば問いかけられていること自体には気づかせられるレベル」があるのですが、子どもは「なるほど」とか「それは大事だ」と思いはしても、自分の身体の中にそれを引き受ける根のようなものがないので、いまひとつ真剣になれない。なりたくても身体がなりきれない。そんな三つのレベルがあると思います。

さらに、いまの話はいつどの「窓」を開くことが可能であるかということですが、加えてその「窓」を開くことの教育的な価値を考える。開いた「窓」に向かって問題解決的な学習活動を行った結果、子どもたちに何が身につくか、どのように育ちが深まるか、具体的に考えていくわけです。

このように、子どもの生活の現状と人生の季節に左右される気づきのレベルはどうか、気づいた先で展開される学習活動で何が学ばれるか、教師と学校はしっかりと見定め、いつどの「窓」を開くべく働きかけるのかを判断するのだと思います。

ときには発達段階を超えて「窓をぶち開ける」ことも

諸富　授業検討をするときに私は、とくに道徳に関して先生方に、「**ときには発達段階を無視してでも、人生で大切なことは大切なこととして、本気で伝えていく姿勢が必要になることもあります**」とお伝えすることがあります。

例えば、こんなむずかしいことは、小学校五年生にはまだ無理だろうと思う内容があるとしましょう。だけど、教師が「自分は、これをどうしても子どもに伝えたい」と思うことは心を込めて、伝えていってほしいのです。例えば、自分の恩師の人生、自分の父親の人生、

「これは自分が人生でいちばん大事にしていることだ」、といったことが、どの先生にもおありだと思います。

できれば学期に一回、最低でも年に一回は、こういう「本気の授業」をしていただきたいのです。

授業のなかで子どもたちに何かが伝わるとしたら、それはやはり先生が、どれくらい本気でそれを伝えようとしているかが大きいと思うのです。

子どもたちに考えさせる授業もいいと思いますが、たまには、**「私はこれだけはどうしても伝えたい。いまの君たちにわからなくてもいい。私の話をとにかく聞いてほしい」という魂のこもった授業**をしていただきたいのです。**子どもたちのなかに何だかよくわからないけど、重い「問い」だけが残る——そんな授業**でも、かまわないと思うのです。それが子どもたちのなかに一生残る「暗黙の問い」の「種」になっていくのです。

奈須　子どもたちの生活経験の熟成や人生の季節を待っているだけではなく、ぐっと引き上げてしまうのですね。「あ、こんな世界がある」というふうに。**いきなり窓をぶち開ける。「君たちは知らないだろうが、こんな世界があるんだ。見ろ」**と。そう言われて一生懸命に見てもよくわからない。でも窓の存在は子どもの心に残るというわけですね。

諸富　何かよくわからないけれど、心に残っている授業、何かよくわからないけれど、先生が何かを本気で伝えようとしていたことだけは心に刻まれる授業――そんな授業がもっとあっていいと思うのです。

教材の伴侶性――年齢・経験をへて、さらに深みを増す教材

奈須　そのときはわからなくても、後で気がつくというのもあります。あるいは、もう一度考えるとわかり方が深まっていくというのもあります。重松鷹泰先生はそれを「**教材の伴侶性**」と呼んでいます。

小学校四年生で学んだ『ごんぎつね』を、同じクラス、同じ先生がもう一度六年生の卒業直前に授業したことがありました。それはもうぜんぜん読み方が変わるのです。きっと、大人になって『ごんぎつね』を読めば、また別の感慨、景色が迫ってくるでしょう。そういう一生涯に渡ってつきあっていける、そのときどきに新たな学びや気づきが得られるような教材を伴侶性がある教材と呼び、いい教材だというわけです。

ですから、さきほどの発達段階を無視するという話も、ぜんぜんわからない、「窓」の存在さえ残らないというのは困るけど、四年生の子どもなりに「こういうことかな」というの

がぼんやりとでもいいから感じられて、中学校でもう一度出合ったときには「なるほど、こういうことだったんだ」と合点がいって、さらに高校生になったときに考え抜いて「自分はこう応答していこう」と腹が決まる。そして、小学校四年生のときに「窓」の存在だけでも知ることが、中学生になったときにその問いを引き受ける構えを強くすることに貢献する。そういった意味合いがあるのでしょう。

いずれにせよ、そういった伴侶性のある教材、テキストであることは重要なことだし、また、そうでないと絶対だめだとも思うのです。

2 授業で「のっぴきならない問い」を突きつける

父親のリストラで進学断念――「のっぴきならない問題」として考えさせる

諸富　先日、ある高校で生徒に講演したとき、生徒からの質問にこういうものがありました。

「僕は志望校に合格するレベルの成績をとっています。けれどお父さんはリストラされて家からもいなくなりました。そのため、僕は大学進学を断念せざるをえなくなりました。先生……何で世の中、こんなに不平等なんですか」

これは、重たい問いです。

私はこの生徒に「それは君のせいじゃない。それだけははっきりわかっていてほしい。世の中はおかしい。たしかに、不平等だ。けれど、世の中のせいだけにしておいても人生らちが明かないのも事実である。その現実を引き受けたうえで生きていくしかないのではないか」。そう伝えたのです。これなど、まさに、いまの子どもたちにとって切実な「のっぴきならない問い」ですね。

小学校高学年の子どもに、この問題を考えさせてもいいと思うのです。

「小学校六年生のサトル君のお兄ちゃんが、大学に行くはずだったけど行けなくなりました。お兄ちゃんが一人で泣いているのを見て、世の中は不平等だなと思いました」といったことを題材にして、これは日本の何がおかしいのだろうと考えさせる。いろいろな国の例を示して、ほかの国では貧富の差にかかわらず、がんばって勉強する意欲のある子どもはみんな大学へ行ける。日本は先進国であるにもかかわらず、それができない子どもがいる。日本はなぜ、家庭の所得によって大学進学をあきらめなければいけない国になってしまっているのかを、データを突きつけながら考えさせることも、重要な「問い」を子どもの中に育てていくことにつながると思います。

奈須　まったくそのとおりです。

諸富　私は、「のっぴきならない問い」を子どもの中に育てていく一つの方法は、リアルなデータを視覚や聴覚に訴える、鮮やかな仕方で、突きつけることだと思います。リアルな現実を知ることが、切実な問いを子どもたちのなかに育てていくのです。

導入部でリアルな映像（例：道徳）——世界の問いかけとつながるための窓

諸富　山形に佐藤幸司先生という道徳授業の達人がいます。

佐藤先生の授業でいちばんうまいのは、導入（つかみ）の部分です。佐藤先生がよくされるのは、導入部分で、そこに、世界の重い問題が端的に示されているような、リアルな一枚の写真や映像をバンと提示する手法です。「え……これはいったい、何なんだ……」という心のつぶやきが生まれるデータを導入で子どもたちに提示する。

例えば、ある地域で魚がこれだけ死んでいるとか、社会的な現実を反映させた写真を提示するのです。インパクトのある資料を提示して、子どもたちに「いったいこれは何だろう……」と考えさせるところから入るのです。

彼の授業を見せてもらって、導入の段階でインパクトのある映像資料を提示するというのは、子どもたちの中に「のっぴきならない問い」を形成する非常に有効な手段だと思いました。

奈須　**実はそういう現実が私たちが暮らしているすぐ近くにあって、常に問いかけているのに私たちは気づかないでいる**のです。それを切り取って、いきなりボンって教室にもち込む。これは君らが問いかけられていることなんだよと。

諸富　世界の問いかけとつながるための一つの「窓」を写真によって、バンと開いていくわけです。

3　教師が「問い」続ける――踏みとどまる・納得感を大事にする

「私は地動説か天動説かまだ決めていません」――実感できないときは踏みとどまる

奈須　問いかけられていることを子どもたちに気づかせるのが教師と学校の仕事であり、そのために有効な技術とは例えばどんなものか、という話をしてきたわけですが、すると、それ以前の問題として、まずもって教師や学校が世界や人生からの問いかけを一個人として引き受けているか、ということが重要になってきます。

何年か前に、理学部や天文台の先生たちが、太陽や地球の動きについて小学生にテストをした結果、天動説的な理解をしている子どもがそこそこいたのを問題にして、「地動説ぐらい常識だから、きちんと学校で教えるべきだ」とコメントしているのが新聞に出ていました。そのとき私は「地動説は常識じゃないだろう」と思いました。だって、私たちが実際に眺めている世界はどうしたって天動説ですから。今日も太陽が上って沈む。初日の出を拝みに行って、「ああ、よかった。今年もまた地球が高速で自転しながら太陽の周りを公転している」なんて思う人はどこにもいません。

私は新聞記事を読んで、「そういえば確かめたことはないなあ」と思って、理学部の友達に「地動説を自分の目で確かめたい」と言ったら、「それはなかなかにむずかしい相談だなあ」と言うのです。「観測機器を使ってもいいの」と言うので、小学校ではそんなものは使えないから、目視でできる何かいい方法はないかと聞いたわけです。すると、恒星はみんな北極星を中心に一定方向に動いているけれど、火星や木星など、太陽系の惑星は地球と同じように動いているので、見かけの運動が恒星と違って逆行することがあると。これはコペルニクスが地動説を考え出すきっかけになった現象です。「それを見れば」と言われたので、近くの公園に行って二時間ほど木星を眺めてみたのですが、そんなに簡単に観測できる現象ではないので、あきらめて帰ってきてしまった。それから今日に至るまで、この問題については、どういうふうに逆行運動を確かめたらいいのか、というところで手詰まりになったままなのです。だから「**私は地動説か天動説か、まだ決めていません**」**と言っているのです。**

諸富　「地動説か天動説か、まだ私は決めていません」ですか……それは面白いですね。

学校で教えている知識は決して常識的ではない。だからこそ意義がある

奈須　でも、そうやって一つ一つ自分自身が実感をもって納得できたものだけを知識としていかないと、弱いのではないかと思うのです。納得できないものについては、未解決の問いとして保留する姿勢、これは問い続けることにもつながるのですが、せめて教師にはこの感覚をもってほしいと思います。

なぜなら、そもそも私たちが学校で教えている知識の中には、少なくともその出発点においては決して常識的ではなかったものがたくさんあります。それこそ、日常生活をしているかぎり、太陽の動きは天動説です。理科の授業で地動説を説明するとき、「太陽があって地球があって、ここから見たら、ほら、地球のほうが動いているでしょう」と説明するのですが、「ここから見たら」というあの位置は神様の位置です。勝手に神様の位置から眺めさせ

ようとしても、子どもはその位置には立てないから、リアリティがわいてこないのです。それを「理解させる」というのはぜんぜんだめだと思う。地べたにいる私たちの位置から納得できるのは、惑星の逆行運動の観測しかない。でも、私もそうだったように、小学生には無理なわけです。

ところが、科学者たちは逆行運動のような観測結果、客観的な事実をもって、自分たちが長年慣れ親しんできた感覚のほうを疑うという、これは本当にむずかしいことだし、画期的なことだと思うのですが、そういう発想をもつに至った。実はこれこそが科学のかっこよさで、それをこそ子どもたちに教えたい。そのためには、むしろ地動説は非常識的な、その意味で画期的な認識であるというところから出発すべきで、「地動説ぐらい常識なんだから」という感覚でいたのでは、だめだと思うわけです。

実際、ガリレオが「それでも地球は回っている」と訴えたら、「おまえはどうかしている」と言ってカトリック教会によって幽閉されました。ではカトリック教会は常識がないのかといえば、大常識派なわけです。ガリレオのようなごく一部の天文学者を除いた圧倒的多数の知識人の常識、良識、学識を総合した結果、地球のほうが動いているとは考えられなかった。

このように、科学が典型ですが、およそ学校で教えている知識は、それが生み出された時代の常識から見ればとんでもなく非常識なもので、その時代の常識との長い時間をかけた血みどろの戦いの末に、そのまっとうさが社会的に認知されるようになって今日に至っているわけです。このことを教師は、決して忘れてはいけないと思います。

これについて、日本は明治以降にヨーロッパから科学を輸入したわけで、かつては学者の仕事は「ヨコのものをタテにする」、つまりヨーロッパの知識の翻訳による紹介だと言われたように、価値ある知識はどこか他のところからやってくるものだ、という感覚があって、いまでもその残滓《ざんし》が残っているのではないかという人があります。友達から聞いたのですが、ドイツの心理学者が自分の足下を指さして、「いまでこそアメリカが偉そうな顔をしているけど、心理学はここで生まれたんだよ」と。ウィットなのですが、半分は本気なのでしょう。もちろんいまや日本は世界に冠たる水準の科学研究を行っています。でもそれに見合う強靱な知識観を教師も含めた一般の国民がもっているかというと、まだまだ弱いと思うのです。

納得が大事とは簡単に納得しないこと

諸富　「納得感」を得ることを大切にしていくと、子どもたちは「**簡単に納得しない子**」に育っていきますね。

奈須　そう。**簡単に納得しない子というのは、簡単にだまされない子です。**そもそも、だまされない国民をつくりたい、考える子どもを育てたいということで戦後の教育は出発したのですから。

諸富　カウンセリングをしていても、気づきとか学びとかを得られるクライアントの方は、「簡単に納得しない方」ですね。頭であれこれと考えてばかりでは、気づきも人生の変化も生じません。カウンセリングでは、例えば、夜にとても不思議な夢を見た、といった、「何だかよくわからないこと」こそが、気づきの宝となるのです。

奈須　それは先生がおっしゃっていたインプリシットの考えになりますよね。

諸富　「何で私はこんなことをしてしまうのだろう」とか、「何で私はこうなってしまうんだろう……」といった、「何で……」とつぶやきたくなるような問いに踏みとどまる。

奈須　よくわからないけど何かあるのだから、それをないことにしてはいけない。よくわからないことには簡単に納得しない。よくわからないけれども、身体が問いかけるものからは逃げない。自分の内面に起こっている真実性を無視しない、それをよく見るということは大事なことです。

まずは教師自身が、「わからない、わからない」と突き詰めていく

諸富　**教師がその一つのモデルになるのも、とても大事なこと**だと思います。

例えば、ヴィトゲンシュタイン(※1)の哲学の講義はとても有名です。ヴィトゲンシュタインが、講義の途中で考え始めて、ぴたっと話すのを止めて、三十分間沈思黙考し続けて、「今日はこれ以上は考えが進まない」と言って帰っていったことがあったといいます。

奇妙と言えば奇妙な授業ですが、自らの「問い」と真摯に向き合っている姿を目の当たりにすることで、学生たちにも自分の「問い」と真剣に向き合うとはどういうことか、よく伝わっていったと思うのです。

先生方も、たまには、授業の途中でうーんと頭をひねって「わからない！」と叫んでもいいのではないでしょうか。毎回だと困るけど(笑)。

奈須　「わかる」ということには、いろいろな層がある。これは佐伯胖先生(※2)が強く主張されたことですが、わかったと思ったことも、もう一段深い水準で考えてみるとわからなくなって、その問いを考え抜くといっそう深いわかり方に到達して、でもさらに深く考えるとまたわからなくなって……と繰り返すのが「わかる」ということだと。人生がそういうものなのは当然ですが、教科も同じです。小学校の教科書教材にも、それぐらいの深みがあるも

のがたくさんある。何度でも、どこまでも、深くわかり直していけるような、さっき言った「伴侶性」のある教材が目白押しです。また、そうでなければ教える必要はない。多くの場合、子どもは勉強したくないのに教えるのだから、一生涯考え続けても、そこからこんこんと泉みたいに、いくらでも豊かなものが出てくるようなものじゃないといけない。

ところが、それを教師がとても浅いレベルで扱って「これで終わり」にしてしまうから、子どもも終わりだと思ってしまう。なんとも、もったいないことです。**まずは教師自身が、「わからない、わからない」と突き詰めていく。もっと深いレベルでわかると、それはとても楽しいことで、すてきなことです。それを教師自身が実感する必要がある。大切なのは、普段からそういう生き方をしていること。**すると、そういう授業が自然とできるようになるし、それで授業中わからなくなったら、子どもと一緒にそれはどういうことか考えればいい。さっきの「おつりの計算」のようにすればいいわけです。

その子の「わからなさ」をすてきなことと思い、躍進をめざして一緒に歩む

諸富　私は、小学生のときの、分数の割り算の方法に納得できなくて、ずいぶんと悩んだことを前にお話しました。ああいう問いを先生に話したときに、一緒に「わからない……」と

うなってくれるほうが、本当はいい教師なのですね。

奈須　そうです。そのとき大事なことは、子ども時代の諸富君（笑）が、「どうわからないのかをわかる」「わかろうとする」ということですね。「見取り」と言っているのはそういうことですから。「わからない」と訴えると、よく「どこがわからないか、はっきりと説明しなさい」と言う先生がいますが、無茶な話です。どこがわからないかわかっていたら、困りはしない。その場合には、自力で何とかなるものです。

なので、まずは、その子がわからない状態にあるという事実を丸ごと引き受ける。そして、それは多く「どこがどうわからないかがわからない」状態で、その苦しさを共感的に理解する。と同時に、それはこれから段々とわかっていく可能性を秘めた状態であり、わかっていく過程では多くの喜びや発見がある。その意味で実に価値のある幸いな状態であると考え、自分もその幸いを子どもと共に歩ませてもらえることにわくわくしながら、その子のわからなさに寄り添い、それをその子の内側から眺めようとしていくわけです。

これは、カウンセリングとまったく同じことだと思います。その子のわからなさの地点に立とうと努力する。それを上から見てはだめです。その子のわからなさ加減はとてもすてきなことで、人間としてごく普通のことで、ここから躍進することがその子にとっても自分にとっても価値があることだと本気で思えて、一緒に歩む。

諸富　「わからなさ加減」を、教師と子どもで共有するのですね。

奈須　そう。この子のわからなさ加減に入り込んで、すると教師自身もより深い水準でわからなくなったりもして、もちろん、そのわからない自分でいいとし、そこに踏みとどまる。**この子と一緒にわかろうとするということが、この子にとっても自分にとっても楽しいことで、すてきなことで、うまくいくかどうかわからないけど、それをやるしかないというふうに引き受けることが**大切ですね。

教師が本気で生きること

諸富　私は、**いい教師になるために、いちばん必要なことは何かと聞かれたら、一つは「本気で生きることだ」と答えています**。いろいろなことに妥協して、こんなものだと割り切ってさらさらと生きていたら、いい教師になれるはずがありません。

授業の中にも、教師自身が本気で日々を生きていくなかで、「これは許せない」という「怒り」や、「これは譲れない」「妥協できない」といった「こだわり」、そういった気持ちをもっと投げ入れていっていいと思います。もしかしたらそれは、いろいろな教育問題にからんでくるかもしれないし、これからどういう日本社会をつくっていくかという問題につながっていくかもしれません。

教師が本気で日々を生きるなかで、生まれてくる自分自身の生々しい問いを、そのまま、授業のなかで提示していっていいと思うのです。

●職業的人格として「面白がる人間」になる

奈須　教科でいうと、「怒り」というよりは「面白がる」ということになるのかもしれません。筑波大学の附属小学校にいらした有田和正先生(※3)に、私は学生時代ずっと社会科の授業を見せてもらって、いろいろと教えてもらいました。有田先生は、「私は一日三回感動しないと眠れない体質なんです」と講演でよく言います。そんな体質の人なんかいないですよね(笑)。九州男児の有田先生はすごくまじめで、元々はどちらかと言えば寡黙な人だったのではないかと、私は勝手に想像しています。でも、外向けのサービス精神がある、というか心がけていらっしゃる。だから私は、**教師としての職業的人格として、何でも面白がれる人間でいなければいけない、と自分に課してきた**のではないかと思っています。

例えば、有田先生が佐賀の学会に行かれたとき、佐賀駅に降り立ってすぐに街路樹が目に入ったと言います。「ここの街路樹は何でこうなっているんだろう」と思って、ホテルに着くなり市役所に電話して、佐賀市内の街路樹は何が何本あるのか全部聞き出して、次に図書館に行って、佐賀市内の歴史を調べる。すると、佐賀市内で大火があったところと、イチョウの街路樹の配置がきれいに対応していることを発見したというのです。そういうことを面白がって半日やっていたとニコニコしながら、みんなに話してくれたのです。

イチョウは耐火性が強く類焼を防ぐので東京はイチョウが多いとか、そういうベースの知識があって着眼点になったわけだけれど、でもイチョウが類焼を防ぐという知識をもっていたとしても、普通は学会で佐賀駅に降り立った途端に、「防火対策かもしれない」とは考えない。仮にそう思っても、ホテルから市役所に電話しないし、図書館に行って調べようとは思わないです。でもそれをするのです。この着眼と行動力。根っからの社会科教師です。

「一日三回感動しないと眠れない体質なんだ」というのも、少なくとも当初はそんな事実はなかったのでしょうが、そう自分に言い聞かせて、日々努力してきたのだと思います。そうしているうちに段々とそういう身体になっていく。一日に三回どころか、もっとたくさんの感動に出合えるようになる。街を歩いていても面白いことが向こうから次々と飛び込んでくる、アンテナに引っかかるのです。そこから教材のアイデアも浮かんでくるし、教室で授業をしていても、子どもの発言の中に新たな発見があって、面白くてたまらない。「世界は不思議なこと、面白いことに満ちあふれていて、それを学ぶのはとてもすてきなこと」だと、素直に思えるようになるわけです。「学ぶことはいちばん贅沢な道楽だ」と有田先生はにこにこしながらおっしゃるのですが、そういう身体になることを職業的に自分に課して、その過程では実は辛いことも少なからずあったのではないかと私は思うのです。

諸富　世界のあらゆる出来事、面白いことや不思議なことに、いつも開かれているのですね。そしていつも「教材」になるのではないか、という角度で見ながら、日々を生きている……。

奈須　「開かれた」のではないでしょうか。最初は自分に言い聞かせていたのが、いつしか自然にそうなっていた。そして、その身体で生きている、暮らしている先生の存在自身が、子どもにとって最大の教材なのです。

終わりのほうが問いが増える授業

奈須　有田先生の授業でもう一つ衝撃的だったのは、授業の始まりよりも終わりのほうが問題、いわゆる「はてな」が増えている場合の多いことです。もちろん、子どもたちは有田先生の言う「追究の鬼」ですから、あれやこれやと調べてくる。驚くような資料を持ち込む子もいて「こんな証拠を出されたら、さすがに今日は決着がつくだろう」と思って見ていると、それでも先生は「でも、こういう可能性だってある」と言って譲らない。かくして「みんないろいろと調べてきたけれど、今日も何一つとして解決しませんでした。それどころか、新しくわからないこと、はてなが増えちゃいました」で終結となる。かなり強引な反論、こじつけや揚げ足取りみたいなものもときにはあるのですが、ともかくもやすやすとは一件落着としないのが有田流なのです。授業というのは一時間一時間わかることが増え、その意味で「はてな」が減っていくことだと考えていた当時の私には、衝撃的な授業運びでした。

さらに衝撃的だったのは、それによって子どもたちの追究への意欲がますます高まり、ヒートアップしていくことです。「有田のバカ野郎。明日こそはこの仇を取ってやるぞ」なんて子どもたちは口々に言いながら帰っていく。帰ればすぐさま新たな情報収集、調査へと没入していくのでしょう。朝一番に子どもが先生に果たし状を突きつけたという有名なエピソードも十分に納得がいく。もちろん、これは単なる手練手管などではなくて、先にお話したような有田先生自身の学びのあり方、思考のあり方から必然的に導かれるものなのでしょう。そして、それが授業を通して子どもたちに浸透していく。その姿は、いまの私たちの関心事に引きつけて言えば、どこまでも「問い続ける」子どもであり、一度わかったと思ったことについても、さらにもう一段深いレベルでの「わかりなおし」を求める子どもなのです。

今回の学習指導要領で打ち出された「探究」について、文部科学省は「物事の本質を探って見極めようとする一連の知的営みのこと」であり「問題解決的な活動が発展的に繰り返されていく一連の学習活動のことである」と説明しているのですが、有田学級の子どもたちはまさにこの「探究」に日々取り組んでいたのです。そしてそれを誘発し、膨大なエネルギーを供給し続けたのは、彼らの創意工夫に満ちた粘り強い探究の前にあえて壁となって立ちはだかり、「まだまだ」と押し返した有田先生だったと思うのです。

そうこうするうちに子どもたちは自分一人では歯が立たないと悟って、みんなで協力して束になって先生に挑もうと、お互いに声をかけ合い始めた。有田先生という共通の敵をもつことで、子どもの間に自然と学び合いへの動きが芽生え、日増しに高まっていくのは、何とも不思議な光景でした。当時、私は同時に信州の伊那小学校や高島小学校で総合の勉強をさせてもらっていたのですが、信州には「四一人目の追究者」という言葉があって、子どもたちの輪の中に入り、材にまみれながら師弟同行で探究を進めていくという教師のあり方を理想としていました。有田先生のあり方は、この信濃教育の伝統とはまた違った、でも同じく子どもたちの主体的で協同的な探究を確実に引き出す教師の立ち方でした。

4 教師に求められるものの考え方と指導力

●教師が最後に答えを出すのは総合の授業とはいえない

諸富　これまで述べたような授業の技術や能力は、教師のバックグラウンドとして欠かせないものですね。

奈須　「みんなが一律に身につけるべき、国民としての望ましい生き方」のリストがあって、それを一つ一つつぶしていくのが学校だと思っている教師はたくさんいます。総合でさんざん子どもたちが探究する、そして「答えなんかない」とどこかで気づいて、自分たちで「応え」を見つけようとがんばっているのですが、最後に教師が「いろいろとみんなで調べたり考えたりした結果、環境ではこの三つが大事なことがわかりました」と言うのです。

諸富　結局、先生が答えを出している……。そうしたら総合ではなくて、最初から社会科で教えてもかまわないですね。

奈須　社会科でも答えがないくらいに考えたいのですが、いわんや総合は答えなどない。しかも、それを子どもですら薄々気づいている。なのに、先生が答えを高らかに宣言してしまう。それをやればやるほど子どもは、「なあんだ。私たちが引き受けなくても、先生が答えを教えてくれる」と思うでしょう。しかも、実は先生が出してきたものは答えなどではない。そんな陳腐なものをあてに、子どもたちは人生を生き抜いてはいけません。さらには、答えを教えるのが自分の仕事だと考えている教師は、子どもがすごいことを言っていても引き受けないのです。自分が教えようとしている答えとの関係でしか、子どもの声が聞けない。子どもがいまこの瞬間を懸命に生きているという事実を、一人の人間として共有し、感動し合ってというのがないのです。そんなわけで、二重、三重にまずい事態、非教育的どころか、反教育的とさえ言いたくなる事態を招いてしまいかねないのです。

子どもから教師が教わることもある

諸富　**子ども自身が世界に開かれて、世界からの問いかけに心を開いて、呼びかけに応えていくという、レスポンシビリティ、「呼応性」「応答性」を子どものなかに育てる**ことが、何より重要だと私は思っています。そのためには、まず、教師自身が世界に開かれたあり方をしていないといけないでしょう。

奈須　そう、教師がまず開かれること。もっとも、子どもに開かれてしまう場合もある。子どものほうがすごいですから。教師にできることは、まず、世界や人生から問いかけられている問いの存在を子どもたちに知らしめること、さらに子どもたちが問いと格闘できるいい舞台をつくって、あとはせいぜい探究の後押しをしたり、人生の先輩として参考になる情報を提供するくらいのものです。その後は、子どもたちがぐんぐん探究していって、ついには教師のほうが追いつかなくなって、あるとき子どもがもち込んだもので、教師がはっとさせられるということはあります。そしてそれは、とてもすてきなことです。

諸富　教師のほうが、子どもからの影響によって、世界に開かれていく……。いっぽう、子どもの発言に最初から自分を閉ざしていて、「この授業の落としどころは、ここ」と決めてしまっている先生もいます。よくあるのは、自分の授業でもっていこうと思っている方向性と少しかけ離れた発言はスルーしてしまい、「ほかに意見のある人」と授業を進めてしまう場面です。これは、結構多いのではないでしょうか。

そうではなくて、授業をする前には、この辺がゴールかなと思っていたとしても、授業中に子どもからすごいボールが飛んできたら、そこで方向転換できることが、教師の本当の力量が問われるところだと思っています。そういうアドリブ能力というか、「流れに開かれた力」をもっていることが、「できる教師」に共通する一つの特徴ですね。

奈須　そうですね。教科と違って、ここまでいかなければいけないとか、これをやらなければいけないというのは総合にはありませんから。実を言うと、総合はいちばんやりやすいのです。教科だって子どもが教師を乗り越えることはいくらでもあるし、お互いにとっても大事なことなのですけれど、そういったことを総合はとてもやりやすいはずです。もともと答えがないわけですから。

●教師に必要な覚悟――自分が変われることを喜びや楽しみとする

奈須　レスポンシビリティ、応答性ですね。いまこの瞬間、目の前にいるこの子の存在に私が開かれていくのです。そもそも子どもがそうやって自分をぐんぐん開示してくるには、教師の側に「何でも受け止めるよ」という構えや学級風土が必要です。

諸富　授業中に子どもから飛んでくるボールは、想定外のものであっても、何でも受け取っていく。場合によっては、子どもの発言によって、「自分自身も変わる覚悟」というか、「子どもによって自分が変えられてしまう覚悟」さえ、必要になってくる……。

奈須　「教師はしっかりしていないと」と言う人がいます。しっかりしていること自体は大事ですが、だからといって「何があっても自分は変わらない」というのでは、子どもも怖くて自分を出せないです。相互に影響し合っていく、それによって双方が変わりうる可能性を前提にした関係でないと、本音で語る気になれない。だから教師も、自分も変わるのだと思うこと。もっと言うと、変われることを喜びや楽しみと思って、ワクワクしながら教室に来るということです。**「今日も子どもが私を乗り越えてくれるのではないか、そんなことがあったらとても幸せだ」と思いながら教室に行くぐらいの気概です。**

これはそんなにむずかしいことではなくて、要は慣れなのです。慣れてしまう、身体がそうなってしまうと、どうということはない。むしろ身体も心も軽くなるし、何より、子どもが可愛く思えて仕方なくなる。もちろん、授業はどこに行くかわからないし、教材研究だっていっそう大変になる。でもそれが苦にならない。苦労はしても苦にならない。だから「教育の極楽浄土」と私は呼んでいます。この境地に至れると、教師になって本当によかったと思えるはずなのです。そして、そもそも答えがない総合には、教科以上にこの境地に至れる可能性が高いわけです。

総合に準備は不要か

諸富　授業というのは、本来、基本的にどこがゴールになるかわからないものですね。ゴールではなく、プロセスこそが重要なのが、授業の本質です。とくに総合ではその特性がより強いのかもしれません。

奈須　一応こうなるだろうという予測はもつし、こっちへ来たらこれを出してみようというカードは持っていきます。逆に言えば、そういった見通しや手立てをいっぱい準備しているから、自分を乗り越えてくる子どもに気づけるのです。丸腰で行くと、それすら気づけない。

総合の授業づくりは、どこがゴールになるか、究極的にはやってみないとわかりませんが、だからといって「出たとこ勝負でいい」というわけでもありません。事前準備として、教材研究や内容研究はもとより、子どもの考えについても、座席表を作ったり子どもの学習履歴を確認したりして、「この子はこう考えるのではないか」「この子はこういうところでこの問いとぶつかるのではないか」と、むしろとことん予測しておくのです。

ここで大切なのは、精一杯予測しておいて、しかもそれにとらわれないことです。私の予測はまだまだ弱い。彼らはもっとすごいはずだと期待する。

「私が予測しているあなたよりも、あなたはもっとすごい人のはずよ」と常に思っていること。「どんなふうにあなたは、私の予測をすてきに裏切ってくれるかしら」ということを最大の喜びとして、教師は教室に行くのです。

予測しないで行くと、子どもが面白いことを言っても、その面白さに気づけない。予測していたからこそ、それと異なる考え、乗り越えていく考えであること、教師よりも鋭く深く対象に肉迫しているということがわかる。その乗り越え方に感動するわけです。そして、「今日も子どもにしてやられたなあ」と思う。このとき、教師も開かれる。そして、一人の追究者、先にお話した信濃教育の「四一人目の追究者」です。その感覚で対象や問いについて改めて考え抜く。と同時に、そこは教師ですから、子どもから学んだ新たな角度からいま一度教材を研究し直し、今後の授業の構想を練り直す。これは大変ではあるけれど楽しいことだし、素直に心の底から楽しいと思えるようになることが、教師としての成長なのです。

子どもたちと一緒に教師の生活を拡充する

奈須　総合は生活の教育なので、教師自身が子どもたちと一緒に自分の生活を拡充していこうとすればいいのです。教師も子どももすでに生活しているわけで、その生活の「欠けていた領域」や「不十分だった点」に向かって、それぞれが自分の生活を広げたり、充実させていく。すると、それは知らない世界ですから当然学びになり、同時に自身の生活、自己の生き方の更新になります。もっと平たく言うと、やってみたことがない、考えたことがないけれども、やってみたら面白そうな生活をしてみることです。大事なのは生活を「する」こと。生活について他人事みたいに「考える」「批評する」のではなく、まずは当事者として生活を「する」ことです。

例えば、さっきの米を育てて食べ物を作る学習。私たちのような都市生活者は、食べ物に対して消費者としてだけ向かい合っている。ところが本当は、そこにはさらに生産と流通がある。生産、流通、消費の三つが円環状につながってはじめて食生活は成り立つし、実際私たちも見ていないだけで、その中に身をおいている。そこで、生産と流通にまで自分たちの生活を拡充してみようと。それによって、いままで見えなかった景色が、生産という生活を「する」ことで見えるのです。例えば、農薬をまいたら虫が死ぬということ。毎日、稲穂の横を歩いている農家の子どもでさえ、消費者としてしか米と向き合っていないと、案外との景色を見ていない。そして一旦見えると、生活の仕方、つまり生き方は変わります。そうやって、さまざまな新しい生活を「する」ことで、自身の生活を拡充する。それが生き方を切り開く、より納得のいく生き方へと自己を更新していくことになるわけです。

こう考えたとき、教師というのは実に危なっかしい。どうにかすると、六歳で小学校に入ってから六十歳で退職するまで、学校から一歩も出ない生活を送るわけですから。そういう風に生きてきた人たちが生活の教育をするのはとてもむずかしいというか、限界がある。**でも、いまさら時計の針を戻すことはできませんから、せめて子どもたちと一緒に、子どもたちの力を借りて、自分の生活をいま、このときから拡充していけばいいのです。**

諸富　先生方も、もっと好奇心をもって、日々を面白がって生き、日々の授業を面白がってやっていけばいい。

奈須　そうです。教科については、教師はプロだから町のおじさんやおばさんとは桁違《けたちが》いによく知っている、知っていないといけないのですが、それさえもさらにもう一段深く考えれば結構わからなくなる。「知ってるつもり」にすぎないことに気づけるはずです。そして、それを面白がってもっともっと考えたり、勉強し直せばいい。

総合の場合は逆で、教師こそ生活経験の幅が狭いので、子どもと一緒になって、「四一人目の追究者」として、ぐーっと広げていこうとすればいい。せいぜい町のおじさんやおばさんぐらいまでは広げてほしい。最近、教師が地域の人たちに教えを請うことを厭《いと》わなくなった、恥ずかしいと思わなくなったのは、とてもいい傾向です。地域の人たちも、「学校の先生にものを教えるなんて、滅相《めっそう》もない」と、私たちが子どものころだったら躊躇した人も大勢いたと思うのですが、いまはそんなことはない。とってもいいなあと思います。教師と子ども、教師と地域の人たち、子どもと地域の人たちが、相互に学び合い、教え合い、それぞれの生活をどんどん拡充していく、そんな学びと実践のコミュニティが、学校を核に生まれるといいなあと思うのです。

子どもっぽい夢や希望、あこがれを大切にする

諸富　教師がいろいろな人とつながっていって、生活を広げていくことは、とても大事なことですよね。

奈須　一緒に生活をするということです。生活をして、そこにすばらしさとか、矛盾や問題を体感する。大人は自分の立場や位置があるから、どうしてもその視点だけから眺めてしまう。すると、見過ごしたり、背に腹は代えられないということで見ないようにしている部分が出てしまう。でも、子どもたちにはそういうことがないので、子どもたちと一緒に生活をすると、とても素直に感動したり、義憤を感じたり、悩んだりできる。何より子どもたちは気になることがあったなら、そこで立ち止まり、踏みとどまることができる。なので、**総合で子どもと一緒に新たな生活をしてみると、教師にとって、生きるとか暮らすということが深く考えられてとても楽しい**のです。

もし、教師が楽しく感じられないとしたら、「私が生活を教えなければいけない」と思い込んでいるからでしょう。あるいは、「いろいろ問題や矛盾があるにしても、どうせ世の中はそうそう簡単には変わらない」と、はなからあきらめているのかもしれません。変わるか変わらないかはやってみないとわからないし、変えるのはほかならぬ自分たちなのです。生活創造の主体という感覚が弱いのかもしれません。

諸富　先生方は、もっと多趣味になったらいいのでしょうね。

奈須　自分の暮らしをこんな方向に拡充してみたいという、ある意味で子どもっぽい夢や希望やあこがれでやればいいのです。**教師は、「大人なんだけど、大人じゃない」ことが要求されます。**いつまでも子どもである部分は大事です。

5　教科と総合のコラボレーション――「何のために」を総合が担う

総合を足場に子どもに育てたい力――だまされないための教育

諸富　次にカリキュラム――教育課程という観点で、これからの方向性を考えていきたいと思います。

奈須　文化遺産の学習である「教科」と、生活の学習である「総合的な学習の時間」「道徳」「特別活動」を、まずはそれぞれにきちんとやっていくこと、そしてさらに相互を緊密につないでいくことで、両方ともがよくなるのです。

　生活の学習は大事ですが、それだけでは結構危険です。いわゆる「おばあちゃんの知恵袋」的な学習、その知恵自体は有効だし有益だけど、なぜそうなのか、理由を問わない学習になりがちなのです。

諸富　「総合」では、例えば、地域の人にインタビューする、という活動も、よく行われていますよね。

奈須　地域の人にインタビューしてきて、「こうやったらうまくいった」「昔からこうしてきた」と聞いてきて、それで終わり。「じゃあ私たちもそうすればいいんだ」というのでは弱い。レヴィストロース(※4)が言ったとおり、社会や文化の中で昔から人々が綿々とやってきたことのなかには、いまとなっては理由がよくわからないのだけれど、うまくいくのだから、そのままやり続ければいいということもたくさんあるわけです。でも、学校は近代の合理主義の立場に立っているから、それでいいことにしてはいけない。これまで近代の問題点ばかりあげつらってきたくせにどうしてと怪訝に思われるかもしれませんが(笑)、近代合理主義にももちろんいいところは山ほどあります。ただ、もはやそれを盲信しているだけでは危ないという話をしてきたのです。

それで、「おばあちゃんの知恵袋」的な、理由はよくわからないけれど、そうすればうまくいくといった知識に対しては、近代合理主義的な精神で踏みとどまり「なぜ」の問いを発したい。うまくいくにしてもなぜうまくいくのか、そこを探究して納得して、「だから、私たちもおばあちゃんの知恵でいこう」とならないと。

これは学校でこそやることだと思います。なぜなら、地域や家庭ではそんな面倒くさいことはしないからです。「おばあちゃんの知恵袋」的知識を流すことなく立ち止まって、確かな事実に基づき、多様な科学的方法で探究し、みんなで民主的な議論をつくす。いかにも学校的なやり方ですが、そうやって吟味してみると理由がわかることもある。わからないこともあるでしょうけど、その場合には、若干の疑いをもってその知識とつき合っていく。そして、折にふれて問い直してみる。

諸富　子どもの問いを深めるために必要なのは、「なぜそうなるんだろう？」と問い直すことでしょうね。

奈須　「おじさんたちはそうしているよ」で終わってはいけません。そうしているのはなぜだろうと。おじさんたちに聞いても、おじさんたちも答えられない場合がある。それは無自覚なのですね。でも、無自覚だったから、いままでだまされてきた。無自覚だから、こんな国になった。もっと言うと、戦前は無自覚だったからあの戦争になった部分がある。あの戦争を二度とやらないというのが戦後の出発点なのだから、なぜということを常に考えることが大事です。とても古い言い方だけど、やっぱり**「だまされない国民、考える子ども」**ですよ。

諸富　**「考える力」というのは、「だまされない力」でもある**のですね。

教科学習が明日生きていくための足場になることが総合でわかる

奈須　だまされない力です。この話になると思い出すのは、社会科の初志を貫く会の機関誌の名前が『考える子ども』だったことです。「考える子ども」とは「自分なりに事物事態の真相をとらえ、自分の責任において、自分なりの行動をしていく子ども」です。それによって新しい社会を、意味や理由を伴うものとしてつくりだしていける、いわゆる民主的社会の建設者になっていけるわけでしょう。

これは、ある意味では理屈っぽい嫌な子どもになるということでもあります。世の中にはダーティな部分や清濁併せ呑むなどということもあるわけですが、それをよしとしない子ども、あきらめない子ども。ちょっと堅苦しい感じもしますが、そのあたりを「大人の都合」で流したり、曖昧にしてしまうと、いつしかとても厄介な問題になってしまったりする。**全部納得ずくで次の社会やそこでの生き方が生み出せるのなら、そっちがいいではないですか。**少なくとも理念モデルとしてはそう考えたいし、「大人の都合」に対する可能なかぎりの抵抗として、そういう動きはあったほうがいい。そして、「大人の都合」にまみれない子どもの時期に、そういった経験をしっかりさせておきたい。

そう考えると、総合は教科の学力をとても必要とします。教科の個別知識もそうですが、探究するとか意味を求める能力が決定的に重要です。また、総合をやることでそういう教科のよさもわかるし、教科が好きになる。だから、中学や高校で総合をきちんとやっているところは、教科学力が上がります。これはみなさんよく言います。

諸富　総合で、「なぜ」という問いを抱く力が育っているから、教科を学ぶことの意味も実感できるようになる。

奈須　自分の生活に「なぜ」の問いを発して探究することで、教科の価値が生活との関係で深く実感されるわけです。すると、教科をしっかり勉強しようと思うのです。

●学力と総合——総合をやると学力が上がる

奈須　古い言い方ですが、**事実に基づき、科学的に探究して、民主的に話し合うという、その三つを学校で教えてきた**と私は思うのです。これは戦前の教育をイメージするとよくわかるのですが、戦前の教育は神話を基盤にしていた部分があるでしょう。それに対する反省、乗り越えていく方策として、まずもって確かな事実に基づいて考えようと。次の科学的にというのは、近代自然科学だけではなく、多様な意味での科学的方法を駆使して、どこまでも考え抜こうということです。そして、最後の民主的に話し合うというのは、もちろん数の論理ということではなく、少数派の意見にも真摯に耳を傾けて、何より声の大きな人や暴力に屈することなく、十分な時間をかけて冷静沈着に話し合い、慎重に社会的な意思を決定していくということです。

この三つは、主に教科を通して、戦後の日本の教育が教えてきたことだと思うのです。その三つすべてが、だまされないために必要不可欠です。戦後の教科教育は、個別の知識や技能も教えてきたのですが、同時に事実に基づき、科学的に探究し、民主的に議論して意思を決定していく資質や能力や態度も育ててきたと思うのです。少なくとも戦後の出発点においては、明晰な自覚でそう考えていたと思う。ところが、いつしか**何のためにそうするのかが**

薄れていたのではないか。それは、教科でさえも、自分の生き方を考えたり、実際に生活をよりよいものへと創造、更新するためなのです。そのことが、総合が立ち上がってくることではっきりしたというか、再確認された。これまで子どもたちの身につけてきた教科学力、それはときに子どもが「先生、何でこんなことを勉強するの」と尋ねたくなるようなこともあったわけですが、総合が生まれたことで、実際に教科学力を総合の探究に「活用」する。すると子どもは、自分自身の生き方をより自分らしい確かなものとするために教科を学ぶのだということが、実感をもって理解できる。総合をきちんとやると、何のために教科を勉強するのか、何のためにみんなが冷静に話し合う必要があるのか、何のために事実をどこまでも探索する必要があるのかということがわかるのです。だから教科が好きになる。

諸富　「何のため」に教科を学ぶ必要があるのか、わかるんですね。つまり「学びの意味」が実感として、わかってくる。

自分の生活、生き方を確かなものとするために教科を学ぶ

奈須　自分の生活、生き方を確かなものとするために教科を学ぶと言うと、「教科は上級学校での学習や学問への準備、あるいは将来の職業への準備ではないか」という反論が必ず出

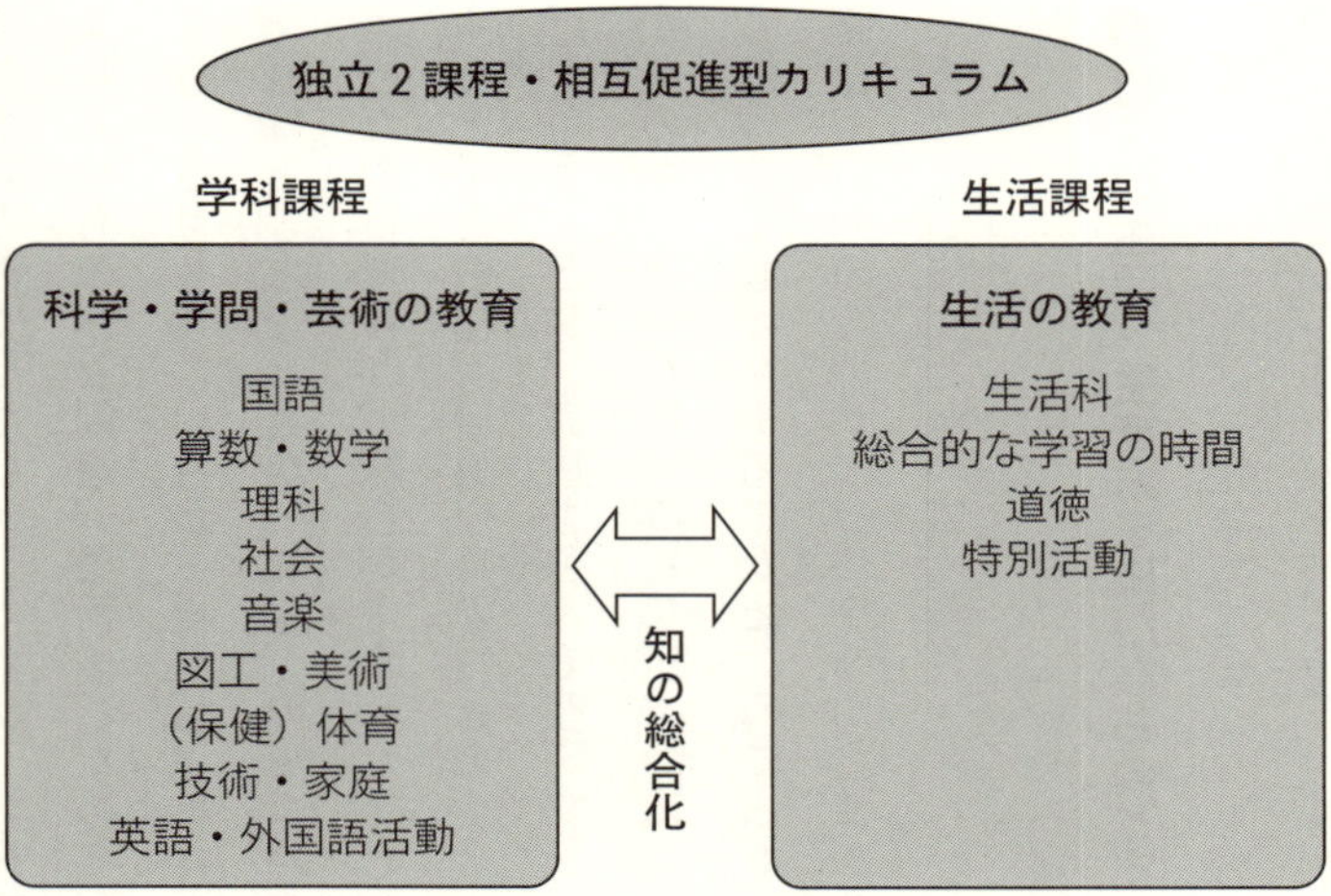

図3　現行学習指導要領の構造（奈須）

ます。これは生活という概念をどう考えるかですが、将来の職業展望はその人の生活の中核ですし、大学を出て工業技術者になったとすれば、その人は生活の中で日常的に数学や物理学を使うわけですから、教科は生活と深く結びつき、よりよい生活の創造を支えています。そうやって考えていくと、そこに特段の矛盾はない。

受験にしたところで、それがその人の求めるよりよい生活の創造の一環だと考えれば、そう矛盾はしないと思います。問題なのは、その大学に進学して何を自分はするのか、それが自分らしい生き方の創造にどう結びつくのかが見えていない、見ようとしない、見る術をもっていないことでしょう。実際、その点さえはっきりしていれば、受験は決して「灰色」ではないとすら思うのです。

やはり根本的な問題は、カリキュラムの二つの柱である、文化遺産の教育である教科と、生活の教育である総合や道徳や特活との間に断絶があることでしょう。そこをつないでいく、文部科学省的に言えば「知の総合化」ですが、それを強力に推進していくことで、子どもたちは自身の生活との関連において教科を学ぶ意味がはっきり見えてくるし、教科で学んだ事実と科学と民主的議論を武器として、自分の生き方を納得のいくものにしていけると思います。

6 道徳・特活と総合——学校教育に通底する人格形成の核

問いに取り組んでいる実感をもちながら生きていると、学びが意味あるものに変わる

諸富　道徳と、特活と、総合とが、全体でうまく統合していくにはどうしたらいいかを話していきたいと思います。
それには、私は、教師がしっかりした「哲学」をもつことが何よりも必要だと考えています。

例えば、本書で私が述べてきた、「人間は、たえず世界から呼びかけられ、問いかけられている存在である」「未来からの問いかけを、たえず引き受けている存在である」という視点をもって子どもたちを見ていくのも、一つの「哲学」です。そうした見方をしっかりもっていれば、例えば、キャリア教育をやるときも、総合をやるときも、道徳をやるときも、根本的には同じ姿勢で子どもとかかわっていくことができるはずです。

一人一人の子どもが、いま、どんな「問い」に直面しようとしているのだろう……と見ることができるのです。

例えばキャリア教育に取り組む際に、「この子の適性は何か」という見方で考えるだけではなくて、**「この子は、いま、どういう問いに引き込まれているんだろう」という見方をすると**、授業の仕方も変わってくるはずです。

「いま世界にはこういう問題があって、こういう問題に我を忘れて取り組んでいる人たちがいるんだ」という実例を提示することが、子どもたちのなかに新たな「問い」を育み、それがキャリア教育につながっていくのです。そしてそれは同時に、道徳にもなるし総合にもなる。教科指導の基本的なあり方の一つでもあると思うのです。

子どもたちが、学習の意味を感じなくなっているということは、何のために学んだらいいかわからなくなっているということです。

これを打破するには、環境問題、医療問題、日本の社会構造全体の問題、教育制度の問題……といった多くの問題を、リアルな形でパッと提示することです。

子どもが自分のなかに「問い」をもち、その**問いに取り組んでいる実感をもちながら生きているなら、すべての学びが意味あるものに変わっていきます**。子どもが「自分の問い」を抱えて探究しながら日々生きていく姿勢を学ぶこと。それがキャリア教育でも、生徒指導でも、道徳授業でも、教科学習でも総合でも最も重要なことだと思います。

教科は仮の区分。カリキュラムの領域は実体化してはいけない

諸富　日本の教育課程には、そのときどきに必要だとみなされた教育課題が次々と重ね合わされてできていったような側面があります。一つの明確なフィロソフィ（哲学）があってカリキュラムが作られたわけではありません。

したがって、別の区切り方も十分可能なわけです。

だからこそ私は、一人一人の教師が自分の**フィロソフィ（哲学）をビシッともちながらたえず子どもたちとかかわっていくことが、何よりも大事**だと考えています。

奈須　伝統的な領域区分、といってもたかだか戦後数十年のことですが、各教科、道徳、特活、総合。さらに「○○教育」と呼ばれるものは、無数にある「問いかけられていること」の窓の開け方の一例みたいなものです。

諸富　まったくそうですね。

奈須　文化遺産という角度で、それも主に近代ヨーロッパの学問、科学、芸術の縄張り区分にそって窓を開けたのが教科です。だから、そんなに絶対的な、未来永劫このまま続くようなものではありません。さらに生活科や社会科や家庭科のように、文化遺産ベースとは言い切れないものも混在しています。教科以外の窓の開け方としては、社会生活を構成する主な活動領域や社会機能で攻める方法もあります。戦後の初期社会科はこれです。その名残が残っているから、いまでも社会科はややこしい。あるいは、子どもの要求で窓を開けていっても、カリキュラムは立派に編成できます。このように**窓の開け方は無数にあって、教科はその一つにすぎないので、現行の教育課程の各領域は実体化してはだめ**なのです。

諸富　必要なのは、「〜として」（as……）教育課程を見る、という視点だと思います。

算数を教える、国語を教えるというのではなくて「算数として」「国語として」それを教えているのだという視点をもつことです。すると、その区別があくまで相対的なものである、という自覚を保つことができる。

とくに小学校は同じ先生から教わっているので、「ここからは算数ですよ、ここからは理科ですよ」という線引きは、子どもにはあまり意味をもちえないと思います。

そのときに、「算数として」これを問い、「国語として」こういう問いを発してみる。そうやっていくうちに、子どもたちのなかにこういう問いが形成されました、となってくる。こうして全部つながっていくのは、例えば、元文部科学省道徳教科調査官の押谷由夫先生が「総合単元学習」と言いましたが、いろいろな教科や道徳での学習が、**子どもたちのなかで、一つの問いに収れんされていく**というのが、ごく自然のあり方だと思います。

奈須　世界からの問いかけがいっぱいある。それをもし枠づけるとすればこういう枠にしてみましょうかみたいな話です。
カリキュラム編成というと、算数とか国語とかという枠がまずあって、それぞれの論理でその枠内をどんな内容で埋めていくかという議論だと考えがちで、実際にもそう進められている部分がありますが、そうではなくて、小学校だったら六歳から十二歳の間に子どもたちに引き受けさせたい世界からの問いかけにはどんなものがあるかと考えて、それがただ雑然と散らかっていたのでは子どもたちには扱いにくいので、仮にこんな窓の開け方を考えて、その視点から似たものを集めてみたらこうなりましたと。そう考えれば、カリキュラムとのつきあい方もずいぶんと楽になるでしょう。

●文化遺産と対決し、新たに文化創造ができる子どもに

諸富　「世界からの問い」には、どんな内容のものがあるのか。子どもたちに「のっぴきならない問い」として引き受けさせたい世界の問題にはどういうものがあるか……。

ここからまず考え始めて、一度、これまでの区切りをガラガラポンとゼロから組み直し、土台からカリキュラムを考え直す時期にきているのではないかと感じることがあります。各教科や領域がお互いの領域を主張し合うセクト主義に陥らないことがとても必要なことです。

奈須　そうでしょうね。面白いのは、ひところ文部省の研究開発学校で教科の全面再編成の研究をしました。地球科、人間科、表現科、記号科など。あれはガラガラポンをめざしたとも言えるのですが、結果的にはことごとくうまくいかなかった。かくいう私も協同研究者として何校もかかわったのですが、新しいものをつくってみても、授業がぜんぜんよくないのです。それに対する私なりの説明は、少なくとも教科に代わるだけの教育課程の編成原理が見つからなかったことです。ある学校でやっていた表現科の編成原理を尋ねたら、「図工科

と音楽科を一緒にしたようなもの」というお粗末な説明でした。「ようなもの」とは、まがい物ということでしょう。だったら、図工科と音楽科をそれぞれにしっかりと、本物としてやったほうがいい。総合表現では、イギリスなどの「ドラマ」を参考に演劇を基盤とした教科を試したことがあるのですが、割とうまくいきました。やはり、編成原理がしっかりしているということが大事だと思います。

この研究開発学校の経験で痛感したのは、あたりまえのことですが、教科は十八、十九世紀のヨーロッパの近代学問が拠り所、編成原理なのです。ずっと議論してきたように、近代にはいいところもいっぱいあるけれど、限界もすっかり見えてきた。その近代ヨーロッパ学問の枠組みでカリキュラムをつくるのには飽き飽きしているのだけれど、ほかの可能性を考えてやってみればやってみるほど、それに代わるいいものはなかなかない。逆説的ですが、研究開発学校で教科の全面再編成をしてみた結果、教科ってなかなかよくできているということに改めて気づいた人たちもいました。面白いのは、そのことに自覚的になると、教科に対する見方、教科の授業の仕方が劇的に変わるということです。

つまり、十八、十九世紀のヨーロッパの文化遺産をただただ子どもたちに受け渡すだけでいいのか、と考え始める。そうではなくて、**文化遺産と子どもが対決することで、新たな文**

化の創造ができる子どもに育てるべきなのではないか、といった具合です。教科とは文化遺産の継承・発展が編成原理ですが、「継承」よりも「発展」のほうに重きをおこうと。編成原理など考えずに、算数なり国語なりが絶対的な価値として実体的に存在していると考えると、どうしても「継承」が中心になる。ところが「遺産」それもヨーロッパ起源の「遺産」なんだと気づくと、それを目の前の子どもたちに「継承」させるのは何のためかと考える。そして「遺産」という過去性を足場に未来を志向する、それが「発展」ですが、そういった授業にしていかなくては、と考え始めるわけです。だから、研究開発学校は私からすると惨憺たる敗北で、普通の教科に戻して最終年度の公開研究会をやった学校もあったのですが、でも、なぜ算数なのかということをしっかり考えたので、授業はすっかり変わりました。なので、敗北と言いましたが、研究的にも実践的にも大きな意味はあったと思っています。逆説的な物言いですが、そういう意味でも一回ガラガラポンをするといいのです。

諸富　なるほど、大切なのは、一人一人の教師が、いまの教育課程の区切りというのは、いつでも**ガラガラポンができるような、相対的な区分でしかないという自覚をもちながら教えていく**ということでしょうね。

奈須　かつては私もそうだったから偉そうなことは言えないのですが、そもそもその区分が何だったかを忘れていますから。そして領域区分を実体化していますから。教科とは文化遺産の枠組みである。あるいは十八、十九世紀のヨーロッパ学問の体系枠組みでやっているのだと自覚することは大事です。

諸富　いまの教育課程の線引きというのは、取りあえずこんなことにしておこうという、仮の取り決めでしかないことを、教師が理解して子どもたちに接していくことが重要です。

奈須　絶対的なものだとか、実体的なものだと考えるのはとても危険です。そこに気づくのはとても大事なことです。実際、歴史的に見ても、戦後の日本ほどに教育課程の領域区分が長く変わらなかったことはそうそうないですから。

心がうち震える「本気の道徳授業」で、子どもたちの内に「よくわからないけど、重要な、暗黙の問い」が育まれていく

諸富祥彦

◆一学期に一度でいい「心が震える授業」を

全国の教育センターなどで、道徳教育や、「道徳」授業に関する研修を担当させていただいた折に、いつも、繰り返し、お伝えさせていただいてきたことがあります。

それは、一言で言えば、**一学期に一度でいい。いや、それが無理ならば、一年に一度でもいい、教師が、自分のこれまでの人生を振り返って『これだけは、どうしても伝えておきたい』『このことだけは、子どもたちに、何が何でも、伝えたい』と思うそのことを、自分の全存在をかけて伝える。そんな直球勝負の道徳授業をしてほしい**、ということです。

私は、道徳授業の本当の醍醐味は、ここにある、と思っています。

「人生で、本当に大切なことは、これなんだ」――教師の、そんな思いを、最もストレートに、かつ、真剣に、伝えることができるのが、「道徳」の時間です。

考えてみてください。学校のさまざまな教育課程――各教科、道徳、総合的な学習の時間、特別活動――これらの中で、人間としての「生き方」を（間接的にではなく）「直接に」教えるために設け

られている唯一の時間が、「道徳」の時間なのです。「道徳」の時間の、ほかの時間との、最も大きな違いは、ここにあります。

もちろん、教科の学習を通しても、「総合」や特活の時間を通しても、「生き方」を教えることはできます。しかしそれはあくまで間接的な仕方においてです。

国語や算数をはじめとした各教科も、「総合」も、特別活動も、生徒指導も、教育相談も、学級指導も、キャリア教育も、特別支援も、すべては、子どもたちにとっては「生き方」を学ぶ時間です。こうした時間があいまって、子どもたちの「人格形成」という目標に接近していくのです。

すべては、子どもたちにとっては「一つ」です。領域やカリキュラムの区分は、大人（教える側）が仮説として組み立てた相対的な区分にすぎません。

学校教育のどの時間も領域も、子どもの人格形成にとって、かけがえのない重要な意味を担っています。

しかし、そうした学校教育のさまざまな場面、領域の中で、「道徳」の時間の際立つ大きな特色は、それが唯一、子どもたちに「生き方」を直接教えることができる「明確な時間枠」を確保された時間である、ということです。「道徳」は、子どもの人格形成に、ストレートに影響を与えることのできる、学校教育のなかで、唯一の明確な「時間枠」なのです。

これは、子どもの人格形成に深く、強くかかわっていきたいと願っている教師にとって、きわめて大きな意味をもっています。

◆「自分が、本当に伝えたいこと」は何なのか、問うてみよう

道徳の時間は、「教師自身が問われる時間」です。

何が、問われるのでしょうか。

「自分が、子どもたちに本当に伝えたいことは何なのか」

「子どもたちに『これだけは伝えたい』と思える中身を、自分はもっているのか。そういう内容を、これまでの人生で自分は培ってきたのか」

「『人生で、本当に大切なこと』は何であると、自分は思っているのか」

そのことが、問われるのです。

厳しい言い方になりますが、人間として中身が薄い教師には、内容の薄い道徳授業しかできません。「伝えるべき中身」がないならば、伝わるはずがないのです。

教師が「本当に大切に思っていること」しか、子どもたちには、伝わりません。

子どもは、誤魔化せません。道徳の時間に教師が伝えている内容を、教師自身がどれくらい本気で大切に思っているのかどうか、つねに感じ取っています。「やることになっているから、仕方なくやっている」授業は、そう見抜かれています。

まず、教師自身が、自分自身に問うことから始めましょう。

何度も何度も、自分自身にこう問うてみましょう。

「自分が、子どもたちに、本当に伝えたいことは何なのか」

「『人生で、本当に大切なこと』は何であると、自分は思っているのか」

そう何度も何度も、自分自身に問い確かめてみましょう。

自分自身に何度も問い確かめることで、自分が教師として、子どもたちに「本当に伝えるべき中身」「人生で、これこそが、最も大切なことだ」と考えていることは、何であるかを問うてほしいのです。

◆「子どもの心が、うち震える道徳授業」を

何よりもまず、自分の「思い」を明確にしたうえで、指導方法について考えてほしいのです。どの資料で、どのような指導方法で、どのような工夫を練れば……と考えるのは、そのあとでかまいません。


「どうしてもこだわりたい読み物資料は何か」

「どうしても見せたい映像資料は何か」

「この新聞記事から、自分は何を考えさせたいのか？」

「この一枚の写真から、どのような現実を伝えたいのか？」と。

「資料」はなくてもかまいません。

「先生の、小学生のときの体験なんだけど……」

「先生が、中学生のときに、教わった先生のことなんだけど……」

自分自身の体験を、ただ、心を込めて語り伝えるだけでも、いいでしょう。

どうしても、「この資料で思いを伝えたい」そんな資料を、心を込めて、ただ、ゆっくりと、読み聞かせ、そこで感じ取ったことを書かせたり、話し合わせたりするだけでもいいでしょう。

授業技術の問題ではありません。

教師が「本当に伝えたいこと」「伝えるべき中身」を、心を込めて語り、伝えると、子どもたちの心は、うち震え始めるはずです。

心に「響く」にとどまりません。心が「うち震えはじめる」のです。

「何だか、今日の先生は、違うぞ」

「なにか、よくわからないけど、今日の先生は、『人生で、本当に大切なこと』を本気で伝えようとしている……」

そんな「余韻」の残る授業をしてほしいのです。

そこには、「畏怖の感覚」が伴うはずです。教師が本気で伝えるべき内容を本気で伝えるとき、そこには、ルドルフ・オットー(※5)が「ヌミノース」と呼んだ、「畏れ」の感覚が漂い始めるのです。

子どもたちの中に、「なんだか、よくわからないけど、今日の道徳では、とてつもなく、大切なことを先生から聞いた気がする……」

そんな「余韻」が残るのが、ほんものの道徳授業です。

それはもちろん、「何だかよくわからないくらい、インパクトのある映像資料」でもいい。「君は何のためにこの世に生まれてきたのか」という実存的な問いかけでもかまわない。ただ、重苦しさだけが残る読み物資料でもいい。この世界で起きている悲しい現実、例えば餓死している子どもの数などをデータで示すだけでもかまわない。

それによって、子どもが「うーん……」とうなって、その内側に「なんか……うまく言えないけど」すごく大切なこと、これからの人生でずっと問い続けていかなくてはならない大切なことがそこにはある、という感覚、身体的な「暗黙知」の次元での「問い」が形成されていく。そんな心震える授業をしていただきたいのです。

そのとき、子どもの内側には「今日、先生から伝えてもらった、『本当に大切なこと』を胸に留めながら、これから、人生で出合うさまざまな問題に向かっていかなくてはならない」という、「言葉にならない思い」が、残り続けます。それは言わば、言語化以前の「暗黙の身体知」(the Implicit)の次元で子どもたち一人一人の内に形成されていく「答えなき問い」なのです。

◆生活のすべては、資料になる

読者の中には、このように思われた方もいるかもしれません。

「そんな、子どもたちの一生に影響を与えるような授業は、私には、できない」

「子どもの心が、うち震えるような授業なんて、私には、できない」

そんな方は、厳しいようだが、自分自身にこう問うてほしい。

「私は、何のために、教師になったのか」と。教師は、いやがおうでも、子どもの一生に影響を与えずにはいない仕事です。あなたは、そんな仕事を選び取ったのです。

もしあなたが教師になっていなければ、いま、あなたのクラスにいる子どもたちは、別の担任と出会うことができたかもしれないのです。

「自分が『本当に伝えたいこと』は何なのか」

「『人生で、本当に大切なこと』は何であると、自分は思っているのか」

そう何度も自問しながら、その「大切なこと」を伝えることができる何かを血眼《ちまなこ》になって、探し続けてほしい。新聞を読んでいるときは新聞を、小説や漫画を読んでいるときはその小説や漫画を、テレビを観ているときはその番組を、百円均一ショップにいるときはその店にあるすべての商品を、「これは教材にならないか」「これは資料にならないか」そんな目で見ていこう。生活のあらゆる場面は、授業につながっているのです。

私の知っている幾人かの「本物の教師」＝「授業の達人」に共通しているのは、「自分の生活そのものを教材研究化している」点です。

道徳授業で、最も大切なことは学期に一度、いや、それが無理ならば、年に一度でもいい、心うち震える「本気の授業」をすることです。

エンカウンターを使ったり、モラル・スキル・トレーニングを行ったりして、授業方法の多様化をはかることももちろん重要です。ワンパターンの授業は退屈ですから。しかしそれは、授業技術の話にすぎません。

あなたが教師として、子どもたちに「本当に大切なこと」「人生で、いちばん大切だと思っていること」は何でしょう。

それを本気で伝えるのが、「ほんものの道徳授業」です。それは、一人一人の子どもの内に、いまだ言語化できない、「身体的暗黙知」の次元での「答えなき問い」を形成するのです。

※１　ヴィトゲンシュタイン（Ludwig Josef Johann Wittgenstein　オーストリア・ウィーン出身の哲学者。ケンブリッジ大学教授。一八八九～一九五一年）

※２　佐伯胖（一九三九年生まれ。認知心理学者。東京大学名誉教授、青山学院大学教授）

※３　有田和正（一九三五年福岡県生まれ。福岡教育大学附属小倉小学校、筑波大学附属小学校、

愛知教育大学教授をへて、東北福祉大学特任教授。教材・授業開発研究所代表）

※4　レヴィストロース（フランスの社会人類学者。思想家。一九〇八～二〇〇九年）

※5　ルドルフ・オットー（ドイツの宗教哲学者。一八六九～一九三七年）

【第4章】「総合」に込められた危機感と希望

奈須キーワード

教科は抽象や一般や普遍をめざすけれど、生活というのは、具体や特殊や個別をめざす。答えを教えるのではなく、生活と子どもが格闘しながら、大人も一緒になって考えていく。これは話としては社会改造的なのです。

諸富キーワード

デューイやペスタロッチが重視した、「生活現実をベースにした教育」という「教育の原点」に立ち返る動きのなかで生まれたのが、生活科であり、総合的な学習の時間です。

1 総合的な学習の時間成立の背景

●総合導入のねらい１：現場の先生にやりたいことをどんどんやってもらう

諸富　本書のテーマ「答えなき問いを引き受け問い続ける子どもの育成」は、総合的な学習の時間のみならず、学校教育全体を通して育てたい子どもの姿を示した言葉でもあります。

そこで、最後の章では、総合的な学習の時間とは何かについて改めて、理解を深めていきたいと思います。まずは成立の背景からお願いします。

奈須　総合的な学習の時間導入の経緯について、当時の文部省初等中等教育局長の辻村哲夫先生が講演でよくお話しになっていることですが、現場の先生とお話をすると、もっと自分たちはやりたい教育がある、自由にさせてくれという声がいっぱいあった。世界的に見ても、日本の教育課程というのは国がかなり細かいところまで決めているほうです。それが現場には制限、足かせに見える。もっと自由にさせてくれれば、やりたいこともあるし、結果的にいい教育になるんだという声には、当時根強いものがありました。

そういうことなら教育課程の中に、**現場の創意工夫で、本当に各学校、各地域が必要だと**

思うこと、子どもたちのために自分たちがやりたいと思う教育を自由闊達にどんどんやってもらおう。そういう時間をつくることが、結果的に教育の質の向上につながるのではないか。そう文部省が考えた、ということが一つだと思います。

●総合導入のねらい2：教科領域に収まらない現代的な課題が増えた

奈須　もう一つは、当時、どの教科や領域にも入らないけれども、学校で扱わなければならない課題がいろいろ出てきたことがある。環境問題、情報化社会や少子高齢化社会への対応、心と身体の健康に関する問題とか……。いま総合で取り上げている現代社会の課題のようなものが、急速に切実さを高めてきた。これは日本だけではなくて世界的な動向で、市民教育、シチズンシップ教育も、各国で新たな教育課題として取り組まれ始めていました。この背景として、ヨーロッパの場合は移民の問題が大きいのですが、日本も外国人労働者の受け入れが進んで、外国籍の子どもが次第に増えてきていました。さらに、今回、外国語活動は独立しましたが、当時から英語もやらなければという空気も強くなっていました。アジアの各国がすでに取り組み始めていたこともあるでしょう。

こういった内容を教育課程に入れないといけない。でも、一つずつバラバラに入れたら時数的にも大変なことになる。しかも、多くは教科書を作って教えるようなものではないし、地域によって問題の現れ方や適切な扱い方が違ってくる可能性もある。だったら、フリーハンドな領域を作って、後は地域や学校で上手に工夫して進めてもらってはどうか。こういう発想があったのではないかと思います。口の悪い人は、「総合学習ごみ箱論」のように言います。でもポジティブに考えれば、従来の教科、道徳、特活という枠組みに収まらない教育上必要な課題が世界的に出てきて、それを学校が本気で扱おうとした結果、従来とは異なる、柔軟で自由度の高い枠組みの設定が必要になったとも言えると思います。

2 総合的な学習の時間の基盤としての生活科

●総合の誕生の背景に、生活科の成功

諸富　総合的な学習の時間が誕生したのは平成十年ですね。新しい教育課程が組まれるには、それに先行する実践の積み重ねが存在しているはずですが……。

奈須　総合自体は、私が学生時代に信州などで勉強させてもらった実践の系譜が、少なくとも大正時代からあるのです。そういった実践の中には、ペスタロッチやデューイの生活教育

は平成元年です。

の思想から影響を受けたものも少なくありません。でも、そういった草の根の実践は数的には少数派ですから、全国レベルでいうと低学年の生活科が前身にあたるといえます。生活科

諸富 「総合」の誕生には、生活科が成功したことが大きいわけですね。

奈須 大きいです。生活科の成功がないと、総合の創設には至らなかったでしょう。

諸富 「生活科」が成功した、という実感は、どの辺りにあったのですか。

奈須 少なくとも、現場ではとても強かったでしょう。

諸富 現場で先生方はどんな実感をもって、生活科は成功したと思われたのでしょう。

奈須 子どもたちが自分の力で自分の暮らしをつくれるようになったとか、それこそ自分に自信がもてるようになった、自分が好きになった、さらに仲間を大切にできるようになったとか、そういうことはいくらでもあると思います。それはたぶん、諸富先生のおっしゃる人格形成の部分ですね。

諸富 人格形成の基本ですよね。

奈須 そういった育ちは、従来で言えば道徳や特活のなかで議論されてきたものなのでしょうが、それが教科の一領域のなかで生じたことが大きかったというか、衝撃的でした。もっ

とも、生活科は文化遺産ベースではないので教科ではないとも言えるのですが、法令上は教科なので、そのいかにも学びを生み出す領域のなかで、そういった育ちが確認され、議論されたというのは新しかったし、衝撃的でした。

契機の一つは昭和五十年代の幼小連携

奈須　その生活科創設の経緯もいろいろあるのですが、一つには昭和五十年代に行われた幼小連携を課題とした研究開発学校の成果があります。研究開発学校というのは、将来の教育、具体的には学習指導要領のあり方に資する資料を提供することを目的に、学習指導要領の枠組みを離れて自由に教育課程を編成して研究するという制度ですが、神戸大学の附属明石幼稚園小学校とか、香川大学の附属高松幼稚園小学校、信州の伊那小学校などが幼小連携に取り組んでいます。いままた小一プロブレムがらみで幼小連携の研究が盛んですけれど、昭和五十年代にも行われていたのです。

諸富　いまと同じような問題ですか。

奈須　そうです。昭和五十年代前半というのは、まだ昭和四十三年の学習指導要領下です。いわゆる教育内容の現代化の影響を受けた、いちばん過密で高度な学習指導要領で、落ちこぼれ、落ちこぼし問題が深刻になっていた時代です。当然、幼稚園と小学校との間にも段差が感じられた。それを何とかしなければというので、幼小連携を課題とした研究開発学校が何校も指定されたのです。

面白いのは、明石も高松も伊那も、ほとんどの学校の結論が、低学年の教育課程を教科に分けず、いわゆる合科とか総合にしたほうがうまくいく。子どもの生活や遊びを核にして教育活動を組織し、内容を収める領域区分も生活や遊びを基盤に考えていく。これは幼稚園的な発想なのですが、そういう結論を出した。

私も学生時代に最後のほうだけですが実践研究の様子を実地に見ることができて、なるほどそうしたほうが意欲という意味ではもちろん、知識・理解や技能の面でもうまくいくし、さらにさきほど出た人格形成の基本という部分でも目覚ましい育ちが見られるわけです。これを受けて、平成元年の学習指導要領改訂の際に、理科と社会科を改廃して生活科が創設されました。

編成原理が合科ではない生活科

奈須　このように創設の経緯を外形的に見ると、理科と社会科が消えて、生活科が生まれた。

でも、原理的に言うと、生活科は理科と社会科を足したものではありません。社会科はともかく、理科は文化遺産ベースですが、生活科は生活ベースなのです。

諸富　ここが生活科の新しいところです。文化遺産ベースではないところ……。ほかの教科は文化遺産ベースだけれども、生活科は生活ベース。ここに、根本的な違いがあるのですね。

奈須　子どもたちの「地域生活現実」と私は言いますけれど、地域生活現実が教育の対象になり、内容になり、方法にもなる。**生活それ自体が学びの対象になり、学びの内容になり、学びの方法にもなる**という言い方を学習指導要領はしています。

ここで言う生活は抽象的、理念的なものではなくて、自分たちが現実にいま住んでいる地域の暮らしと理解されるべきで、すると地域によっていくらか様相の異なる教育になる。教科だと、ロンドンだろうが東京だろうが、ボールを落としたら同じ速度で落ちるといった方向をめざすでしょう。**教科は普遍や一般や抽象をめざしますけど、生活というのは、特殊や個別や具体をめざすというか、そうでしかありえない**のです。

生活科の目標に「自立への基礎」とありますが、あれは「生活者としての自立への基礎」と考えるべきなのです。暮らし手としてよく育つということです。

●生活科は理科・社会科の下請けではなく、足場づくり

奈須　生活科はいろいろ問題もあったのですが、まったく違うものをもち込んで成功した。すると、それを三年生以上にも延ばしたいという話は、いろいろな方面から出てきて、ならば高校まで一気に延ばそうとなったのが総合です。生活科の内容を個別的に見ていくと理科・社会科との親和性は確かに高い。でも、理科・社会科の下請けをするわけではなくて、学びのあり方や目標論、生活科の目標は「自立への基礎」で、総合は「自己の生き方を考えること」ですから、そういった本筋の部分では生活科は総合につながる。理科・社会科とのつながりについては、生活はおもに自然環境と社会環境から成っていると考えれば、その生活を拡充することが、結果的に三年生から始まる理科・社会科で学ぶことの足場となる豊かな経験を提供することになる、と考えればいいと思います。

3　生活ベースであることの可能性と危険性

●日教組自主編成カリキュラムにおける総合学習との比較から時代の変化を考える

奈須　総合にかかわって忘れてはいけないのが、日教組による教育課程の自主編成運動です。

教育内容の選択は現場の仕事であり教師の権利だ。教育課程を自分たちで編成させろ、という運動です。その集大成として昭和五十一年に中央教育課程検討委員会がまとめた「教育課程改革試案」のなかに、人権にかかわる問題、生産と労働にかかわる問題、文化の創造と余暇の活用にかかわる問題、平和と国際連帯にかかわる問題、民族の独立にかかわる問題の六つをおもな内容とする総合学習が位置づけられています。これがなかなかによくできたカリキュラムなのです。戦後のコア・カリキュラム運動を主導した梅根悟《うめねさとる》先生が中心に作ったのだから、当然と言えば当然なのですが。

ただ、さすがに時代が違いますから、いまとは感覚が異なる部分も結構あります。例えば公害教育、いまで言えば環境教育です。公害の問題について子どもたちが探究していくと、どうしてもいつかは公害裁判の問題に行き着く。かくして、保守政治と大企業がこの国をだめにしているとの最終結論に子どもたちは至らざるをえないというのです。

諸富　なるほど。

奈須　確かにあの時代だったらそうかもしれない。でも、文部省がこれを容認するのは不可能でしょう。政治教育、偏向教育だということになります。

でも、いま環境教育をやっても、こんなふうにはおよそ流れない。つまり、社会がずいぶん変わってきた。いまの環境教育は犯人探しなどしません。もちろん、相変わらず政治にも問題はあるし、大企業にも責任はあるのでしょうが、悪い奴を見つけ出して懲らしめさえすれば問題が解決するなどと、もはやだれも考えない。子どももそうは考えません。実際、環境問題については、一般市民だって一方的な被害者ではないし、一企業、一政党が改心すれば解決できるような段階ではない。すべての人や組織がそれぞれの立場、持ち場で地球環境について考え、できることから行動を起こしていかないと、取り返しのつかないところまで事態は切迫しているわけです。

そういう感覚が社会的に共有されてきた、各自が社会的な問題を自分でしっかりと引き受ける覚悟ができてきたから、デリケートで先鋭性の高い問題を扱っても、あまり政治的にはならない時代になったのではないかと思うのです。いまやEUが各国をあげて取り組んでいるシチズンシップ教育なども、そもそもの発想はなかなかに左翼的で、デューイなどもレフトウイングでしたから。

諸富　もともとはそうですよね。

奈須　そうですよ、守旧派に言わせれば国家転覆のやからだったわけですから。

冷戦が終結して、政治色の濃いテーマを扱えるようになった

諸富　それが左翼にならなくなった、というのはどういうことですかね。

奈須　大きな話をすると、東西冷戦の終焉が大きいでしょう。戦後の世界は、どうしても東西の冷戦構造、イデオロギー対立で考えるしかなかった。それがすべての前提でしたから。昔は公害問題を考えるにしても、それはアメリカ的な資本主義と結びついている大企業と保守政治が……みたいな話で。

諸富　常に、二項対立的な図式を考えていましたね。

奈須　他方、民主的な動きの背後には、昔は、ソビエト的なもの、中国的なものがあったわけです。つまり、どうしてもそういうことに陥りがちでした。すると、いくら大事な教育課題だとしても、怖くてそんなもの国の教育課程で扱えるわけがない。それが、一九八九年にベルリンの壁が崩壊して以降、ソビエトがなくなり、中国も自由経済を導入して、東西冷戦、イデオロギー対立でものを考える必要がなくなった。それから二十年以上たって、もうさすがに右も左もない。ようやく公教育で扱っても怖くなくなったのではないかと思います。

諸富　そろそろ扱っても大丈夫という感触を文部省でも感じたのでしょうね。

奈須　そうじゃないかと思います。そんな談話はもちろん出ませんけど（笑）。でも、これ

は日本だけではなくて、世界中そうですから。環境問題のような先鋭性の高い社会課題を国の教育課程のなかに位置づけても、特定のイデオロギー教育にはなりようがなくなった。

諸富 なりようがなくなった。**イデオロギーそのものが消えてしまった**のですね。

奈須 拡散していますからね。二律背反図式、二項対立図式が崩れたので、むしろきちんと扱えるようになったし、もっと言うと、だれかのせいではなく、一人一人の人間が引き受けて生きていく。むしろ一人一人の人間がどう生きていくか、自己の生き方を考えるいい鏡というか足場になったのです。公教育を巡る状況の一大転換が、この二十年の間に知らず知らずのうちに進んでいたのだと思います。いまなぜ総合なのかというのはいろいろあるのですが、一番大きな桁《けた》では、世界を見る枠組みが変わった、東西冷戦の枠組みがなくなったことを指摘したいと思います。さらに、東西冷戦当時からすでに問題だった課題がその深刻さを増してきた。**だれが悪いと犯人捜しをしている場合ではなくて、私たち一人一人がみんなで引き受けて、協同で力を合わせて解決に向かわざるをえない、そういう気運が高まってきた**ことがあると思います。

諸富 人類が生き残っていくためには、イデオロギーで対立している場合ではないという意識に変わってきたのでしょうね。

奈須　国内的には先行していた生活科の成功や、もっと現場に任せてもいいのではないかという気運の高まりもあったのですが、あまり言われないことですけれど、東西冷戦の終焉、イデオロギー対立でものを考えなくなったというのは……。

諸富　ものすごく大きいでしょうね。

イデオロギーを気にせず本当に必要なことができる

諸富　そうして、イデオロギーを気にせずに、本当にいま必要なことを教育で行えるようになってきた。

奈須　とてもいい状況になったのです。そのなかで、新しくどういうふうにして思想というか思考の秩序をつくるかということは、逆に言えばとても大事な教育の問題です。

諸富　先ほどペスタロッチ、デューイとおっしゃいましたけど、そこで、ペスタロッチやデューイが説いていた、いわゆる「**生活現実をベースにした教育**」という、**教育の原点ですね。そこにもう一度、立ち返ってやっていこうといった動きになってきたのですね。**

奈須　そうです。だから、ルソー、ペスタロッチ、フレーベル、デューイといった生活教育的な考え方が、いまの時代に、いまの形で、新たな息吹をもって動いているというふうに思えてくるのです。しかも日本だけではない。ＥＵでもオーストラリアでもニュージーランドでも、シチズンシップ教育をしているのです。

諸富　イデオロギー対立の崩壊に伴って、世界中でそういううねりが起きてきたのですね。

国民国家の溶解に対応する教育モデル——社会を自らで再構成していく

奈須　東西冷戦の時代は、国家が安全保障上の運命共同体だったわけです。ところが、イデオロギー対立がなくなり、その意味合いがグッと後退した。さらに経済がグローバル化して、今度は経済の水準で国民国家という枠組みが絶対のものではなくなってきた。かつては国民経済があくまでも基盤で、プラス国家間での貿易がいくらかなされていたわけでしょう。ところが、いまは企業も多国籍で、日本の自動車メーカーでさえ生産拠点も市場も全世界に展開しています。もはや、国民国家は政治的な意味でも経済的な意味でも運命共同体ではなくなりつつあるのです。そうなると、何か新しい秩序を生み出さないといけない。それこそ、国家がもたない。経済面での先進国の多くが公教育の中に総合のような領域を組み込むようになってきた背景には、お話してきた国際政治の状況の変化に加えて、こういった国際経済の変化もあるのではないかと思います。

欧米ではシチズンシップ教育という言い方をよくしますけれど、市民性とか、市民のあり方みたいなものを新たに構築しなければいけなくなった。それは、国民国家ベースで行っていくのが厳しくなってきたことと表裏の関係なのでしょう。するとその新たな秩序の構築は、**答えがあるものとして教え込むのではなく、子どもたちが現実の問題と正対して、さらに大人も一緒になって協同で問題解決をしながら考え、少しでもいいあり方を自分たちで創り出していくというやり方しかない**のです。

でもそれは、デューイなどがやろうとしたことでもあるのです。答えを教えるのではなくて、自分たちの力で生活を創造しながら、生き方や社会のあり方を考えていく。いわゆる社会改造主義的な発想です。

すると、ずいぶんと教育や学習のモデルも変わるし、学校教育の意味づけだって変わります。伝統的な近代学校教育は、まずもって国民国家の樹立、国民統合の成就、国民教養の浸透を目的に生み出されてきたわけですから。そこでは、何が国民として大切かはあらかじめ決まっていました。そういった国民をつくる教育。まず国民になって、それから個人になって、地球全体のことも場合によっては考えるというような。

諸富　まずは「国民」になることが、何よりも優先されていた、と。

奈須　**まずは国民です。そして個人生活、これも家庭生活に回収されがちですが、そういうものがあって、そして最後に人間としての本来のあり方という順番だったのではないか。でもこれからは、まず市民になるとか、自分自身の生き方を考えることをやっていく。そして、それと国民になることは、結果的にむしろ同じになってくる、**というようなことになるのではないかと思います。国民国家というものも人々によって再定義されるのではないか。それも学校教育という営みを通して再定義されるのではないかと思うのです。

4　総合的な学習の時間の教育内容

●改訂のポイント：引き続く理念をシャープに明示

諸富　今回の学習指導要領の改訂では、総合的な学習の時間の改訂のポイントはどこになるでしょう。

奈須　改訂といっても、総合は何を教えるかを各学校で定めることになっているので、ほかの教科のような、どの内容がどう変わったとか増えたといった議論はいっさいありません。つまり、改訂といっても理念や原理、せいぜいが方針のレベルになるのですが、これはもういっさい変わっていません。むしろ今回の改訂では、平成十年の創設のときに考えていたはずのことをもう一度みんなでしっかり確認して、それをわかりやすく明示的に示していこうというのがおもな話題だったように思います。

諸富　つまり中身が変わったというよりも、もともとあった考えをよりシャープに打ち出した、ということですね。

奈須　平成十年のときに解説書に書いたつもりでいたけれどやや言葉足らずだった点や、書こうかどうか迷って書かなかったことを、今回は徹底して言葉にした感じです。これは、平成十年の解説書にかかわった鳴門教育大学の村川雅弘先生から実際に聞いた話ですが、平成十年のときには、あまり細かなことまでは記述しなかった。議論のなかでは、もっと細かく具体的な事例なども示してはどうか、そのほうが親切だし、実践の質も向上するのではないかという意見も出たそうですが、例示とは言え、文部省の文書として出てしまうと、それに右にならえになるのではないか、という危惧があった。創設の趣旨からしても、ここは現場に任せて自由闊達にやってもらおうということになったのだそうです。でも、結果的にはうまくやれない学校がたくさん出た。いったいこの時間を使って何をどうすればいいのか、わからないという学校が続出したのです。

十年前の改訂で総合がうまくいかなかった――生活科はぎりぎりセーフ

奈須　もっとやれると、平成十年当時、少なくとも文部省周辺ではだれしも思ったのですけれど、案外できなかったのです。なぜかというと、いまでもまだそうですが、本書でお話してきたような教育や学習の概念が十分に了解されていなかったからでしょう。教育というと、国民になる教育、あらかじめの答えを教える教育のことだと、多くの人が信じて疑わなかった。そしてそうでないのなら、何も教えないでただ遊ばせるとか、体験させるとしか発想できなかったのだと思います。

もう一つは、昭和三十三年に学習指導要領が法的拘束力をもって以来、五十年も日本の現場はカリキュラムを自分たちで作っていなかったのです。経験がなかった。それでも昭和五十年代くらいまでは、昭和二十年代に盛んだったコア・カリキュラムや地域教育計画の策定を経験した人たちが現場にいて、日教組の自主編成運動のように「自分たちに任せてくれ」と訴えていた。文部省の中にも、あるいはそのころの記憶が残っていたから、任せればやれると判断したのかもしれませんが、平成十年ですからそれから二十年近く経ってしまっている。さすがに人も入れ替わってしまった。

諸富　自力で作れる人がいなくなってしまった。

奈須　そうです。平成元年に生活科を創設するとき、もう少し遅れていたらむずかしかったという議論があって。平成元年当時は、まだ初期社会科やコア・カリキュラムをよく知っている人が結構いたのです。

諸富　生活科は、ぎりぎりセーフだったんですね。

奈須　でも、平成十年の総合は間に合わなかったのかもしれません。

諸富　逆に言うと、ぎりぎりセーフで生活科が生まれて成功したことが、のちの総合の誕生に結びついたのですね。

奈須　そうです。生活科が生まれていなかったら、総合もアウトだったかもしれません。

諸富　そういう意味で言うと、総合も何とかぎりぎりセーフだったわけですね。

奈須　かなり強引だったと言う人もいますけど、中野重人先生（当時、文部省初中局教科調査官）が平成元年に生活科を発足させたことは、日本の教育においてとても大きなこと、大英断でしたね。

5 総合でうまくできなかったことは何か？

●各学校、各教師による内容編成〔学習事項〕ができなかった

諸富　奈須先生がさきほど「もう少しできると思っていた」とおっしゃった、その点に戻りたいと思います。

平成十年に総合ができてもう十年がたちます。この十年の間で、いちばんがっかりした場面というか、意外とできないなという具体的な場面はどういう場面ですか。

奈須　今回の改訂にもかかわるのですが、多くの学校が内容編成をしていないのです。学習指導要領に相当するものを作っていない。文部科学省のアピールが弱かったのかもしれませんが、でも「目標と内容は各学校で定める」と書いてあるのです。その内容を作るという意味がわからなかった。つまり、**各学校は単元を作り、活動は作ったのですが、単元や活動を通して子どもたちが学び取ったり気づいたりする内容、もっと言うと学習事項を考えていなかった**のです。

諸富　これを学んでほしいという内容ですね。

奈須　そう、内容です。教科ではやっているのですが。例えば「昆虫の育ち方には一定の順序があり、成虫の体は頭、胸及び腹からできていること」が学習指導要領に規定された内容で、それを指導するためにモンシロチョウを飼うという活動を組織する。この内容と活動の関係をしっかりと自覚できていれば、総合であっても内容を編成しないで授業ができるとは絶対に思わないはずです。つまり、総合が問題なのではなくて、教科指導の際に内容を十分に意識していなかったのでしょう。極端な場合には、教科書に出ている活動をすることが内容だと勘違いしていた。音楽科では、「この歌を歌うこと」が目標になってしまっている。この歌を歌うことを通してどんな音楽的な資質や能力を高めるかが問題なのですが、そこに明晰な自覚がない。ということは、学習指導要領を日本の教師はしっかり見ていなかったのかもしれない。

諸富　ほかの教科は、教える内容をすでに国が示してくれている。だけど、それを各学校で作れ、となると、やはり、大きなプレッシャーだったかもしれません。

奈須　できると思っていたのが、いまから考えればむちゃな話だったかもしれません。昭和三十三年以前は自力で内容編成をやっていたから、その時代の人はできるのでしょうけれど、昭和三十三年以降一度もそういうことをやらせてもらっていないし、仮に自分たちで勝手に作ってやったら法令違反ですから。それをやらせろというのが自主編成運動です。なので、指導主事も校長も経験がない。教育委員会だって十分に指導できなかったのではないかと思います。

活動と内容をしっかり区別する

奈須　でも、**内容を編成しないと「活動はあって学びなし」になるし、評価もできるわけがありません。**評価というのは、この内容を指導するというのを前提にある活動を組織し、その活動の様子を通して内容の定着度を評価するのだから、内容が決まっていないのに評価などできないのです。

そういう意味でいちばんがっかりしたのは、「総合の評価をどうしていいかわからない」と聞きにくる人がいっぱいいたことです。

諸富　本当は、自分たちで評価の観点をつくるべきなのですね。

奈須　「先生は、この単元で何を教えようとしたんですか？」と聞くと、「この単元は、留学生を招いてみんなでカレーを作るんです」と答える。「それでどんな内容なの」と聞くと、「カレーはとても上手にできました」……みたいなね。

②児童の興味・関心に基づく課題	キャリア	将来への展望とのかかわりで訪ねてみたい人や機関	・地域で働く人の存在と働くことの意味 ・地域社会を支える様々な職業や機関 ・自分自身のよさへの気付きと将来展望　など
	ものづくり	ものづくりの面白さや工夫と生活の発展	・ものづくりの面白さとそれを生かした生活の豊かさ ・ものづくりによる豊かな社会と暮らしの創造 ・快適で自分らしい生活環境を整える活動　など
	生命	生命現象の神秘，不思議，すばらしさ	・生命現象の神秘や不思議，すばらしさ ・かけがえのない存在としての自分への気付きと自尊心 ・自他の生命を尊重し大切にする取組　など
③地域や学校の特色に応じた課題	町づくり	町づくりや地域活性化のために取り組んでいる人々や組織	・地域の人々がつながり，支え合って暮らすよさ ・町づくりや地域活性化に取り組んでいる人々や組織とその思い ・地域の一員として，町づくりや地域活性化にかかわろうとする活動や取組　など
	伝統文化	地域の伝統や文化とその継承に力を注ぐ人々	・地域の伝統や文化のもつ特徴 ・地域の伝統や文化の継承に力を注ぐ人々の思い ・地域の一員として，伝統や文化を守り，受け継ごうとする活動や取組　など
	地域経済	商店街の再生に向けて努力する人々と地域社会	・社会の変化と地域の商店街が抱える問題 ・商店街の再生に向けて努力する人々の思い ・地域の一員として，地域社会の再生にかかわろうとする活動や取組　など
	防災	防災のための安全な町づくりとその取組	・災害の恐ろしさと防災意識の大切さ ・地域や学校で防災に取り組むよさと安全な町づくり，学校づくり ・地域や学校の一員として，災害に備えた安全な町づくり，学校づくりにかかわろうとする活動や取組　など

出典：『今，求められる力を高める総合的な学習の時間の展開（小学校編）』平成22年11月，文部科学省，第２編第１章第２節３（P.72〜73)，図４：学習課題・学習対象・学習事項の例

総合的な学習の時間で扱う内容の例示一覧
学習課題・学習対象・学習事項の例(小学校)

学習課題		学習対象	学習事項
①横断的・総合的な課題	国際	地域に暮らす外国人とその人達が大切にしている文化や価値観	・日本の伝統や文化とそのよさ ・世界の国々の伝統や文化とそのよさ ・異なる文化と交流する活動や取組　など
	情報	情報化の進展とそれに伴う日常生活や消費行動の変化	・多様な情報手段の機能と特徴 ・情報環境の変化と自分たちの生活とのかかわり ・目的に応じた主体的な情報の選択と発信　など
	環境	身近な自然環境とそこに起きている環境問題	・身近な自然の存在とそのよさ ・環境問題と自分たちの生活とのかかわり ・環境の保全やよりよい環境の創造のための取組　など
	資源エネルギー	自分たちの消費生活と資源やエネルギーの問題	・生活を支える資源・エネルギー活用の多様さと重要さ ・資源・エネルギー問題と自分たちの生活とのかかわり ・省資源・省エネルギーに向けての取組　など
	福祉	身の回りの高齢者とその暮らしを支援する仕組みや人々	・身の回りの高齢者とその暮らし ・地域における福祉の現状と問題 ・福祉問題の解決やよりよい福祉を創造するための取組　など
	健康	毎日の健康な生活とストレスのある社会	・社会の変化と健康の保持•増進をめぐる問題 ・自分たちの生活習慣と健康とのかかわり ・より健康で安全な生活を創造するための取組　など
	食	食をめぐる問題と地域の農業や生産者	・地域の農業や生産者の現状と日本の食糧問題 ・食の安全や食料確保と自分たちの生活とのかかわり ・食をめぐる問題の解決とよりよい食生活の創造を目指した取組　など
	科学技術	科学技術の進歩と自分たちの暮らしの変化	・科学技術の進歩と便利で快適になった暮らし ・科学技術の進歩と私たちの生活とのかかわり ・科学技術をよりよく生活に生かし豊かな生活を創造しようとする取組　など

諸富　内容と言われると、そこを連想してしまうのですね。

奈須　活動と内容の区別がついていないのです。内容は抽象度が高いので、どうしてもわかりづらい。一方、活動は見えやすいですから。これは教科でも大問題で、ついつい教科書の教材や活動にばかり目がいってしまう。国語の説明文読解でも、子どもたちは「ビーバーがどんな巣を作るか」には詳しくなるのですが、「○○でしょうか」「このように……のです」という問いと答えの応答関係に着目する力は十分についていない。教科書に載っているビーバーのお話では着目できても、別の文章ではできないのです。いかに日本の教師の意識が内容に向かっていないかということでしょう。そこを何とかしないと、「活動あって学びなし」の危険性は総合だけの問題ではないし、評価さえきちんとできない。教科のさらなる拡充というか立て直しのためにも、**総合の内容を各学校できちんと作ってほしいと思う**のです。

諸富　総合で学ぶ「内容」は、それぞれの学校が作る、自分で……。そこはやはり、絶対に譲れない点なのですね。

奈須　もちろん。ただ、学校にだって十分な経験がないので、どう作ればいいのか、作り方をしっかりと示す必要があります。今回の解説書では、そこはしっかりと書いてあるので、よく勉強してほしいと思います。

【終章】学力観の見直しを

奈須正裕

奈須キーワード

世界との間によりよい関係を築けることを人間は生得的に求めているし、そうなることが有能さが高まることであり、本来の意味での学力が身につくということである。

「出ちゃったんですよ」――科学的なものの見方・考え方

山口大学附属山口小学校の五年生理科、植物の発芽の条件をめぐる授業でのことです。その日は、子どもたちが発芽の条件を探るべく独自に考案した実験の結果を報告しました。

女の子二人組が、日光について検討すべく日なたと日陰を比べた結果、「日なたのほうが芽がよく伸びていた。だから日光は発芽に必要」と語ります。するとすかさず一人の男の子が「日陰でも芽は出ているんだから、その実験からは日光が必要とは言えないんじゃないか」とつっこむ。観察されたのは成長の程度の違いで、発芽の有無において両者に違いはないというわけです。実験の目的に照らして観察された事実が何を示し、何を示さないかを厳密に読み取っていく科学的な態度と能力が育っている。すっかり感心し、うれしくなりました。

水槽の中に豆を沈め、一方にはエアポンプで空気を送ることで、空気が必要かどうかを調べたグループもありました。ユニークな着想に笑ってしまいましたが、結果もまた面白い。空気のあるなしにかかわらず、両方とも芽が出たと言います。

「空気がないのに、芽が出ちゃったんですよ」。彼らは半分笑いながら、でももう半分は困り顔でそう言い、さらに続けて「だから、なぜ芽が出ちゃったのか、もう一回実験をやって確かめようと思っています」とさらなる探究への決意を語りました。

空気は必要だろうから、エアポンプのない条件では芽は出ないはずと予想し、出てほしくないと思っていたのに「出ちゃった」。この残念な状況を前に、再度実験に取り組む。科学的なものの見方、考え方がしっかりと育った子どもの姿と言えるでしょう。

「両方とも出てほしい」──対象に開かれた態度でていねいに応答する

翌日、第三章で紹介した堀川小学校でも、同じ場面の理科の授業を見ました。やはり科学的に発芽の条件を探っているのですが、友達から自分の実験について結果の予想を尋ねられた一人の女の子が、「多分、こっちの条件は芽が出て、こっちは出ないって思うんだけど、でも私の本当の気持ちとしては、両方とも、芽が出てほしいのね」と語ったのです。

これには驚きました。なぜなら、両方ともに芽が出てしまうと、自分の仮説が棄却される、実験は失敗に終わるわけですから。

昨日出会った子どもとは、同じ実験に取り組んでいるのに、その心持ちは大いに異なります。山口小学校の「出ちゃった」の子どもは、純粋に科学的なまなざしで豆を見つめていました。そこでは豆は科学的知識を生み出す手段ですし、厳格な対象化こそが近代科学に不可欠な態度でしょう。私たちも、そういった見方をこそ育てたいと考えてきました。すると、ある条件では芽には出てほしくないし、「出ちゃった」のは残念な出来事と映ります。もちろん、堀川小学校で出会ったこの子も発芽の条件を知りたい、理科的な探究をしっかりやろうと思ってはいるのです。しかし同時に、実験とはいえ豆のお世話をしている日々の暮らしのなかで、こんな小さな豆だって命をもっているし、発芽して大きく育ちたいと願っているに違いない。その可能性を自分の実験操作が奪うとしたら、こんな申し訳ないことはない、と思うようになったのでしょう。

「それこそアニミズムであって、科学的態度の対極にあるものだ。そこを超えていかせる点にこそ、理科教育の本義がある」との意見にも、確かに一理あります。実際、私は山口小学校で出会った子どもの育ちに感心し、うれしく感じました。と同時に、堀川小学校の子が引き受けようとしている対象とのかかわりの深さも、教育的に価値あるものだと思うのです。

そもそもは実験の材料、仮説を確かめる手段として偶然出会ったにすぎない一粒の豆のなかに、私との運命的な出会い、かけがえのなさを感得したのでしょう。そして、豆を目的、必然として眺め、取り結ばれる一期一会の関係を引き受け、そこで生じるすべての出来事にていねいに応答しようとしている。これが、「両方とも出てほしい」と語った子どもの精神世界に生じていることであり、行為の意味だと思うのです。

この子はきっと、私の視点から豆を眺めるだけではなく、その豆の位置から私をも含めた世界を眺めています。それでも実験はしますし、結果的に理科的な知識や技能も身につけるのですが、そこに葛藤がある。この葛藤が、そしてこの葛藤から目を背けることなく全身で正対した経験が、この子に豊かな育ちをもたらしただろうと思うのです。

実験者効果と教師期待効果——関係を閉ざすことの危険性

それでは、具体的にどのような育ちがもたらされたのでしょうか。

動物を用いた心理学研究で見いだされた現象に、実験者効果というものがあります。例えば、とくに根拠がなくとも、「こちらのネズミのほうが迷路を速く駆け抜けるのではないか」と実験者が期待して実験をすると、実際にそのような結果になりやすい傾向があるのです。これは後に教師期待効果、いわゆるピグマリオン効果の研究へと発展します。

教師期待効果とは、「この子どもは近い将来大きく伸びる可能性をもっている」とのウソの情報を教師に伝えると、実際に一年後にはその子の成績が伸びるという現象です。不思議な現象で、そのメカニズムを巡って多くの研究がなされました。その結果、教師には、自分の期待と一致する情報を選択的に受容し、一致しない情報は無視したり拒否する傾向のあることがわかりました。例えば、期待を寄せる子どもの発言の際には根気よく待ち、ていねいに話を聞き、自力で正解に至れるような支援をする、といった具合です。いっぽう、まったく期待していない子どもの発言のときには、十分に待たず、不注意に話を聞き、適切な支援を怠りがちでした。そして、実際に成績も伸び悩んでしまうのです。

実験者効果にせよ教師期待効果にせよ、「こうなるのではないか」との予断をもち、その角度からのみ対象とかかわることが、予断に一致する事実を現実に生み出してしまうわけで、いかにその人の対象に対する向かい合い方、関係のもち方が重要であり、ときに取り返しのつかないことを引き起こしかねないかを思い知らせてくれます。

新たな関係を築こうとする動きは価値ある創造や発見の原動力

このことを教訓とするならば、自分がかかわる対象のもつ可能性について、どこまでも開かれた態度で接し、対象からのいかに些細な問いかけに対してもていねいに応答するなかで豊かな関係を築いていこうとすることが、何よりも大切と言えるでしょう。そしてそれは、まさに「両方とも出てほしい」と願いながら実験に取り組んだ子どものあり方です。

ここで「子どもの願いに応えて豆が発芽したりするのだろうか」との疑問をもたれる人が

いると思いますが、実験者効果が示すとおり、ネズミだって期待に応えるのです。豆だってわかりません。すべての予断を捨て、ただただひたむきに対象からの信号を感受し応答することが、まずは大切なのです。

もっとも、実験者効果は、現実にネズミが人の期待に応えてやる気を出したというより、実験を行う人間の実験操作や測定が、無意識のうちに仮説に有利なデータを生み出すような偏りをもっていたというのが、本当のところのようです。しかし、このことは人間の予断が本来あるべき事実を歪曲した可能性を示唆しています。すると、むしろ「両方とも出てほしい」と願い、両方に対して同様に最大限の応答を尽くすあり方のほうが、本来あるべき事実を現出させ、科学的に正確なデータを取得するのに適しているのかもしれません。

その意味で「両方とも出てほしい」という思いは、心情的に価値ある育ちをもたらすのみならず、科学的な態度や見方、考え方の育成においても十分に有益である、少なくともその育成を損なうようなものではないと言えるでしょう。歴史的に見ても、地動説の提唱などがまさに典型ですが、その時代や社会に支配的であった先入観や予断にとらわれることなく、開かれた態度で対象からの問いかけを引き受け、対象との間に新たな関係を取り結ぼうとした人たちだけが、科学的に意味のある発見を成し遂げてきました。

このように、世の中のすべての人・物・事は私と関係があると考え、常に気にかけ、現状における関係を明晰に自覚するとともに、どこまでも開かれた態度で今後におけるよりよい関係のあり方を求め、現に関係を築いていける資質・能力・態度こそが本来の学力であり、それを子どものうちに豊かに育てることが教育の使命であると、私は思うのです。

●コンピテンシー――世界との間によりよい関係を築ける力

関係を築こうとする力、築ける力が学力であるといわれても、なかなかピンとこない人も多いかもしれません。しかし、このような学力観は、いまや世界標準となりつつあります。近年、OECDのPISA調査をはじめとして、学力を論じる際に「有能さ」を意味するコンピテンシーという表現が使われることが増えてきました。実は、この有能さとは、私たちを取り巻く世界、そこに存在するあらゆる人・物・事との間に有効な関係を築ける、ということに関する有能さを意味しているのです。

コンピテンシーという概念のルーツはいくつかあるようですが、その一つに、心理学者のホワイト(※1)が一九五八年に発表した論文があります。ホワイトは、乳幼児が自分を取り巻く環境、そこに存在する人・物・事に対して見せる幅広い好奇心と、そこから発せられ、執拗に繰り返される探索行動を何よりの証左として、人間には生まれながらにして自分を取り巻く世界、そこに存在するありとあらゆる人・物・事との間によりよい関係を築こうとする傾向があると考え、それを「有能さへの欲求」と名づけました。

世界を構成している人・物・事とよりよい関係を築こうとすればするほど、それら対象についで理解や洞察を深めることができます。また、より多くの対象とより深い関係を築こうとすればするほど、かかわり方のレパートリーも増え、しかも対象の特質や状況に応じてそれらを自在かつ巧みに繰り出すことができるようになります。

このように、世界との間によりよい関係を築ける力は、私の有能さそのものです。それは、あらかじめ誰かが準備した知識や技能のリストを世界との直接交渉なく受容するのとは、桁《けた》違いな有能さを私たちにもたらすでしょう。ほかならぬこの私が世界と直接に相互交渉し、あるべき関係を築いていける力、それによって私が世界を更新し、また世界によって私がより私らしい私へと更新されていく。この豊かな応答関係の構築を基礎づける力、有能さこそ、学力と呼ぶにふさわしいものなのです。

※1　ホワイト（R・W・ホワイト、アメリカの心理学者。一九〇四〜二〇〇一年）

あとがき

上智大学教授　奈須正裕

この本の主題でもある総合的な学習の時間では、子どもの関心や疑問を大切にする。大切にするどころか、文部科学省の解説書なんてイカメシイ文書にすら、「児童の関心や疑問が単元の源であり、単元計画を作成する際の出発点でもある」などと書いてあるから、まあちょっとした驚きだ。この国の教育は確実に変わってきている。

教師主導で学ぶ外発的動機づけではなく、自らの関心や疑問を出発点に学ぶ内発的動機づけへの原理転換なわけだが、すると「わがままな子どもに育つのではないか」「自己主張ばかりで他者への思いやりを欠くようでは困る」「社会の秩序はどうするんだ」といったことが心配になる人も少なくないだろう。しかし、それはすっかりの誤解である。

内発的動機づけの原初形態は、珍しいものがあると探索せずにはいられない心持ち、いわゆる知的好奇心で、これは赤ちゃんにだって備わっている。もちろん、そのままの状態で大人になったのでは、何ともわがままだろうし、社会の秩序を欠くかもしれない。

しかし、内発的動機づけは上手に導き育ててやれば、質的に変化する。そしてその最終進化形が「完全なる自由」とも呼ぶべき状態で、そこでは将来のためにいまを我慢するなんて野暮なことはしなくていい。ただただ自分の心の赴くままに振る舞ってさえいれば、いま、このときが充実するのはもちろんのこと、結果的に将来への準備になっている。また、周囲の人を慰め、助け、幸せにし、地域社会や世界の秩序維持にも貢献してしまう。要するに、自分が心の底からしたいと願うこと、「自由」の質が変貌しているのである。

本書では、人間がこの「完全なる自由」の境地へと至る道のりと、総合的な学習の時間を中心としたその子どもへの導き方について、諸富先生と二人で考えてきた。本書で述べたことがすべて実現されたなら、子どもたちは「完全なる自由」を手に入れるに違いない。

「夢のような話だ」と言うかもしれないが、この物言いがすでにそれが「夢」ではなく「夢のような」、したがって人智により実現可能であることを言明している。そう、あなたも気づいているのだ。この真実を直視するか再び目をそらすかは、あなた次第である。

奈須正裕　なす・まさひろ
上智大学総合人間科学部教育学科教授。1961年徳島県生まれ。徳島大学教育学部卒，東京大学大学院博士課程修了，博士（教育学）。神奈川大学経営学部助教授，国立教育研究所教育方法研究室長などを経て現職。『やる気はどこから来るのか』北大路書房，『総合学習を指導できる教師の力量』明治図書，『学校を変える教師の発想と実践』金子書房など。

諸富祥彦　もろとみ・よしひこ
明治大学文学部教授。1963年福岡県生まれ。筑波大学，同大学院博士課程修了。千葉大学教育学部助教授を経て現職。教育学博士。教師を支える会代表。著書『悲しみを忘れないで』WAVE出版，『自分を好きになる子を育てる先生』図書文化，『学校現場で使えるカウンセリングテクニック上下』誠信書房など。http://morotomi.net/ 講演依頼はメール zombieee11@gmail.com にて。

教育の羅針盤 2
答えなき時代を生き抜く子どもの育成

2011年 8 月20日　初版第 1 刷発行［検印省略］

著　者　奈須正裕・諸富祥彦©
発行人　村主典英
発行所　株式会社図書文化社
〒112-0012 東京都文京区大塚1-4-15
TEL 03-3943-2511　FAX 03-3943-2519
http://www.toshobunka.co.jp/
振替　00160-7-67697
装　丁　株式会社 S & P
印　刷　株式会社高千穂印刷所
製　本　合資会社村上製本所

ISBN978-4-8100-1592-8　C3337
乱丁・落丁本はお取り替えいたします。
定価はカバーに表示してあります。